AF542472

EXPÉDITION SCIENTIFIQUE FRANÇAISE
EN RUSSIE, EN SIBÉRIE ET DANS LE TURKESTAN
IV

ATLAS
ANTHROPOLOGIQUE
DES
PEUPLES DU FERGHANAH

PAR

Ch. E. DE UJFALVY DE MEZÖ-KÖVESD
MEMBRE DE L'ACADÉMIE ROYALE DES SCIENCES DE HONGRIE
DES SOCIÉTÉS DE GÉOGRAPHIE DE PARIS, AMSTERDAM, BUDAPEST, S.-PÉTERSBOURG ET ROME
DES SOCIÉTÉS D'ANTHROPOLOGIE DE PARIS, BERLIN, MOSCOU ET VIENNE

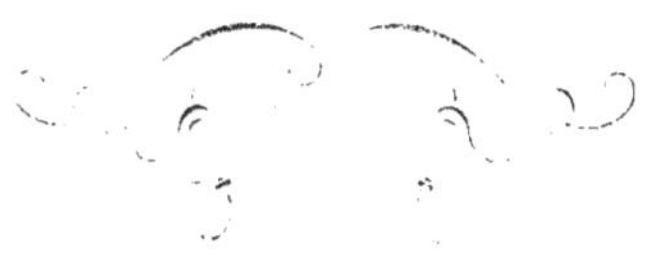

PARIS
ERNEST LEROUX, ÉDITEUR
LIBRAIRE DE LA SOCIÉTÉ ASIATIQUE
DE L'ÉCOLE DES LANGUES ORIENTALES VIVANTES, ETC.
28, RUE BONAPARTE, 28

1879

LE PUY, IMPRIMERIE DE MARCHESSOU FILS

A

Monsieur

Anatole BOGDANOFF

PROFESSEUR A L'UNIVERSITÉ DE MOSCOU

HOMMAGE

DE L'AUTEUR

AVANT-PROPOS

Cette collection de types anthropologiques doit son origine à la libéralité du général Kauffmann. Pendant notre séjour à Tachkend, avant notre départ pour le Ferghanah, nous avons proposé au général Kauffmann de diriger la confection d'un album anthropologique des types du Ferghanah. Nous avons choisi cette province, nouvellement conquise par la Russie, pour deux raisons : d'abord, parce qu'elle renferme presque toutes les peuplades du Turkestan russe ; ensuite, parce que, grâce à sa position isolée, il était plus probable d'y trouver des types purs.

J'ai adressé dans ce sens un petit travail au général Kauffmann, travail basé sur les instructions de M. Gustave Fritsch, le célèbre voyageur de l'Afrique australe, qui a certainement rapporté de son expédition les plus beaux documents photographiques qu'on ait jamais eus. Je donne ici un extrait de ces instructions afin qu'on puisse bien se rendre compte des principes qui m'ont guidé pendant mon exploration.

Les photographies anthropologiques sont de deux natures : 1° Portraits ; 2° Photographies ethnographiques.

1° *Les portraits* sont d'une importance capitale pour la science. Il faut avoir soin de choisir : *a.* des projections autant que possible verticales ; *b.* des corps nus ; *c.* il faut que le fond soit blanc ; *d.* il faut que la dimension du portrait corresponde à un huitième de la grandeur naturelle; *e.* il est urgent de placer à côté de la personne que l'on photographie un mètre articulé afin d'obtenir une idée exacte des dimensions; *f.* il faut prendre la personne que l'on photographie de face et de profil; *g.* mêmes observations pour les photographies en pied.

Il faut avoir soin d'ajouter aux portraits les indications suivantes: 1° le nom de l'individu; 2° la race; 3° le sexe; 4° l'âge approximatif; 5° la couleur de la peau (d'après le tableau chromatique du docteur Broca); 6° le caractère et la couleur des cheveux; 7° la couleur de l'iris; 8° la taille en centimètres; 9° les remarques à faire.

2° *Photographies ethnographiques :*

Quand l'occasion s'en présente, il faut acheter autant de vues photographiques que possible. Il faut cependant rechercher surtout les vues suivantes :

1° Les différents costumes (mis pour les fêtes de famille et religieuses, armures, tatouages, etc.); 2° armes et ustensiles de ménage; 3° habitations, temples, sépultures, cimetières, lieux de sacrifices; 4° scènes de la vie privée et de la vie publique; 5° communications sur l'eau, telles que: atterrages, ponts, navires, barques et habitations temporaires sur l'eau; 6° produits du travail et de l'activité humaine, culture des champs, produits de l'industrie et de l'art; 7° animaux domestiques (toujours de profil).

La seconde partie de ce programme avait été largement remplie pour le Turkestan. L'inspecteur général des écoles du pays, le savant M. A. Kuhn a eu l'occasion de composer un album de ce genre qui n'a qu'un seul défaut, à notre avis, c'est qu'il est trop complet et, par conséquent, d'un prix de reproduction inabordable. Nous résolûmes donc de nous occuper exclusivement de la première partie, d'autant plus qu'un album des types du Turkestan, récemment publié, que nous avons pu voir au congrès des sciences géographiques de Paris, ne remplit son but ni pour la première ni pour la seconde partie de ce programme. Les hommes et les femmes sont pris de face et de profil, vêtus de leurs plus beaux ornements. Au point de vue anthropologique, cette collection n'a pas la valeur désirée et, au point de vue ethnographique, il aurait été préférable de prendre les individus en pied afin qu'on pût juger de tous les détails de leurs costumes. Enfin, on avait fait un choix de beaux hommes, ce qui ne donne qu'une idée fort imparfaite du type moyen d'une population.

Nous soumîmes donc notre projet à S. E. le Gouverneur général du Turkestan et nous ajoutâmes une seule condition, à savoir, qu'un exemplaire de l'album anthropologique (on devait en faire trois) appartiendrait de droit au gouvernement français, qui en ferait l'usage que bon lui semblerait. Le général nous accorda tout ce que nous lui avions demandé. Le photographe Kazlowski, le plus habile de Tachkend, se mit en route avec nous pour Marghellâne, la capitale du Ferghanah, où nous devions commencer nos opérations. Grâce à la bienveillance du général Abramoff, gouverneur de la province, il nous fut facile de mener notre entreprise à bonne fin, en moins de 15 jours. Un naturaliste distingué, M. Wilkens, élève de M. Bogdanoff, que le gouvernement russe avait délégué pour représenter ses intérêts dans cette entreprise, fut constamment pour nous un collaborateur aimable et dévoué.

Cet atlas constitue la partie complémentaire du premier volume de notre récit de voyage; pour tout ce qui concerne les peuples du Ferghanah, nous renvoyons à ce volume [1]. Nous pensons cependant qu'il est utile de donner ici encore une fois une énumération de ces peuples et d'ajouter à cet album une carte ethnographique de l'Asie centrale.

Les peuples du Ferghanah sont au nombre de 11, à savoir :

1° *Les Tadjiks.* D'après les recherches que nous avons faites, nous sommes arrivés aux résultats suivants : Les Tadjiks sont les autochthones du Ferghanah, ils sont de race éranienne et, au

1. *Expédition scientifique française en Russie, en Sibérie et dans le Turkestan*, vol. I. *Le Kohistan, le Ferghanah et Kouldja, avec un appendice sur la Kachgarie.* Paris, Ernest Leroux. 1878.

point de vue anthropologique, ils sont le produit d'un mélange d'une population brune avec une population blonde aux yeux bleus, toutes les deux brachycéphales. Il y a deux espèces de Tadjiks dans le Ferghanah : 1° Tadjiks des montagnes, proches parents des Galtchas du Kohistan et des Karatéghinois, ainsi que des habitants sur les versants occidentaux du Pamir et des Sarikolois. Ce sont les descendants des aborigènes de la Bactriane, de la Transoxiane et de la Sogdiane; 2° Les Tadjiks de la plaine, qui sont d'une triple origine : *a.* les restes des aborigènes qui sont demeurés dans les centres populeux après l'invasoin du pays par des hordes turco-tatares : *b.* les descendants de colons persans, et *c.* les descendants d'esclaves persans.

Il est naturel que le type pur des Tadjiks ne se rencontre guère que chez les Tadjiks des montagnes; les autres sont tous plus ou moins mélangés. On rencontre des Tadjiks des montagnes depuis Isfara, au sud du Syr-Daria, jusqu'à Woroukh; à Sary-Kourgâne; depuis Kaptarkhana jusqu'à Outch-Kourgâne.

Les Tadjiks, sur la rive droite du Syr, nous paraissent d'une origine douteuse. Ils sont probablement le mélange des Tadjiks aborigènes avec les descendants des colons persans., Ils habitent surtout autour de Kassâne, Tousse et Haouva et puis depuis Gouroun-Sarân, sur la rive droite du Syr, jusqu'à Schaïtân et Babadarkhan dans les montagnes qui séparent le Ferghanah de la province du Syr-Daria·

Il y a encore des Tadjiks à Tadjik-kichlak, à quelques kilomètres au N. O. d'Andidjâne, et dans les principales cités telles que Khokand, Richtân, Marghellâne, etc.

2° *Les Sartes* sont des Usbegs devenus Éraniens, par rapport au type, mais en conservant leur langue, en se mélangeant avec les authochthones; parfois aussi ce sont des Éraniens aborigènes qui se sont mélangés avec les vainqueurs et ont adopté leur langue. Ils constituent la majeure partie des habitants des villes, à l'exception d'Andidjâne, Kassâne et Tousse et on les rencontre entre Khokand et Yapân, entre Khokand et Soultan-Béghi, etc.

3° *Les Usbegs*, de race turque (altaïque), autrefois la race dominante en Asie centrale, occupent toute la région intérieure du Ferghanah. Ils sont rarement nomades, souvent mi-nomades, presque toujours sédentaires, sur le point de devenir des Sartes.

4° *Les Kara-Kalpaks*, de race turque (altaïque), proches parents des Usbegs, habitent depuis Soultan-Béghi, au N. E. de Khokand, sur la rive gauche du Syr-Daria. Ils sont peu nombreux.

5° *Les Kiptchaks*, une tribu usbègue plus vaillante et plus capable que les autres, habitent comme sédentaires à Andidjàne et dans la Mésopotamie, entre le Naryn et le Kara-Daria. Il y en a aussi au N. O. de Khokand, sur la rive gauche du Syr.

6° *Les Kachgariens*, descendent des émigrés de Kachgar, Aksou et Yarkand, de race turque (altaïque) puissamment mélangés avec du sang éranien; ils habitent autour d'Osch et entre Osch et Andidjàne.

7° *Les Tourouks, Tiourouks ou Tourks* occupent quelques villages entre Osch et Andidjàne et entre Osch et Marghellàne. C'est évidemment une peuplade mélangée dont l'origine exacte est difficile à établir.

8° *Les Kouramas*, mélange d'Usbegs et de Kirghises, se rencontrent dans un seul village entre Andidjàne et Namangàn.

9° *Les Kara-Kirghises*, de race turque (altaïque), occupent toutes les contrées montagneuses qui entourent le Ferghanah, au N., à l'E. et au S. Il y en a aussi à Sokh, à Okhna, à Kermàne, à Koukdjar et à Bel, au sud du Syr-Daria, et à Maïli et à Aktam, au nord de ce fleuve, qui s'adonnent à la culture des champs. Les Kirghises-Kiptchaks sont une tribu nombreuse et turbulente des Kara-Kirghises.

10° *Les Bohémiens-Louli et Mazang* se rencontrent dans toutes les parties du pays, les premiers à l'état de nomade, les seconds comme sédentaires.

11° *Les Juifs* sont nombreux dans les villes.

Nous n'avons point pris de types de *Persans*, *Afghans*, *Hin-*

dous, *Tatars* et *Russes* que l'on rencontre dans tous les centres populeux du Ferghanah.

Port-Marly, juin 1879. L'Auteur.

RENSEIGNEMENTS SUPPLÉMENTAIRES SUR QUELQUES-UNS DES TYPES DE L'ALBUM [1]

Tourdebaï Choukourbaï, homme, âgé de 48 ans, taille 1 m. 682 mill., cheveux ras, blancs, barbe blanche ondulée; peau (parties nues) rougeâtre, peau (parties couvertes) un peu moins rougeâtre.

Remarques. — La peau de la tête est blanche; l'occiput est très-peu prononcé; les yeux sont petits en forme d'amande, en ligne droite, d'un bleu clair avec de petites lignes jaunes; les cils sont longs, assez fournis en haut, très-peu en bas et seulement au milieu; les sourcils sont d'un châtain assez clair, tombants sur les coins extérieurs, fournis et séparés de 22 mill. La distance des deux commissures internes des yeux est de 31 mill. 5. la distance des deux commissures de l'œil gauche est de 26 mill.; la circonférence horizontale de la tête est de 563 mill.; distance du point d'attache d'une oreille à l'autre, 28 cent.; distance d'un trou auriculaire à l'autre en passant par le dessus de la tête, 35 cent. 5; le plus grand diamètre entéro-postérieur de la tête est de 179 mill.; il y a 130 mill. du point sus-nasal au point bregmatique; le plus grand diamètre transversal de la tête est de 149 mill.; diamètre bi-auriculaire, 140 mill.; distance, en ligne droite, des deux angles de la mâchoire inférieure, 114 mill.; distance du point sus-nasal au trou auriculaire en ligne droite 120 mill.; distance, en ligne droite, du trou auriculaire à l'occiput 117 mill.; distance, ligne droite, du point sus-nasal au point sous-mental, 110 mill.: plus petit diamètre du frontal, 117 mill. Pommettes fuyantes. La plus grande largeur de la face est de 138 mill.; de la racine du nez à la racine des cheveux, ligne droite, 76 mill.; du point sus-nasal à la racine du nez 52.5 mill.; distance du point sous-nasal au point sous-mental, 74 mill.; distance du bord sous-nasal au bord des incisives, 26 mill. 5; distance du point sous-nasal au point alvéolaire, 22 mill. Les dents sont saines, régulières, belles et blanches: les dents du fond sont gâtées ou absentes en haut et en bas; les dents de devant, en haut, sont régulièrement implantées, celles du bas le sont irrégulièrement. Les bosses sourcilières sont prononcées. La dépression à la racine du nez est prononcée; les oreilles sont assez saillantes, les lèvres sont grosses. La plus grande largeur du nez à sa base est 38 mill. Tête brachycéphale, l'indice céphalique étant 83,24.

Makhsate Khoudoïberdi, femme âgée de 16 ans, taille 151 c. 5. Couleur de la peau (parties nues) jaune blanc avec un peu de rouge aux pommettes. La raie faite au milieu des cheveux permet de voir que la peau de cette partie est de la même couleur; les parties couvertes sont blanches, avec une teinte jaunâtre. Les cheveux sont châtains, mais, quand ils sont serrés et luisants, ils paraissent noirs; les yeux sont d'un

1. Ces renseignements supplémentaires ont été recueillis par M. E. Muller, mon dévoué compagnon de voyage lors de mon expédition dans le Ferghanah. Ils se rapportent aux individus qui ont été photographiés après mon départ de Tachkend. *Nous conservons la rédaction de l'auteur.*

marron clair; les coins extérieurs des yeux sont relevés; le bord des paupières est teint. Les sourcils sont droits, mais un peu tombants aux coins extérieurs: ils sont plus noirs que les cheveux, larges et séparés, et cependant croisés. Les cils sont assez longs en bas et en haut, mais plus fournis en haut qu'en bas. Les mains sont proportionnées, mais hâlées; les ongles sont grands, ont une jolie forme et une jolie couleur. Les oreilles sont grandes et arrondies. Les dents sont saines, mais les incisives du haut sont mal implantées: celles de la mâchoire inférieure sont grandes, noircies en bas, implantées irrégulièrement. Le tour de tête est de 535 mill.: la partie antérieure est de 28 cent.: il y a 35 cent. d'une oreille à l'autre par le dessus de la tête. La distance des deux commissures internes des yeux est de 33 mill.; le plus grand diamètre longitudinal de la tête est de 178 mill.; le plus grand diamètre transversal de la tête est de 134 mill.: 144 mill. distance d'un trou auriculaire au point bregmatique. Distance d'un angle de la mâchoire inférieure à l'autre, 10 cent.; du point sus-nasal à l'angle de la mâchoire 1,13 mill.; distance du point sus-nasal au point bregmatique, 135 mill.; du point sus-nasal au point sous-mental, 109 mill.; du point sus-nasal à la racine des cheveux, 64 mill.; du point sus-nasal, à la racine du nez, 40.5 mill.; du point sous-nasal au point sous-mental 69 mill; distance du trou auriculaire au point sus-nasal, 111 mill. L'occiput est prononcé, les bosses sourcilières sont presque nulles. La dépression séparant le nez de la glabelle est peu prononcée; du point sus-nasal au bord des incisives il y a 29 mill.: du point sous-nasal au point alvéolaire il y a 2 cent. Le plus petit diamètre d'un os temporal à l'autre est de 11 cent. Distances du point extérieur d'une pommette à l'autre, 119 mill. Du point sous-mental au-dessus de la tête, la plus grande distance qu'il y ait est 234 mill; du point sous-mental au trou auriculaire, il y a 123 mill.; tour du petit doigt 5 cent. tour du poignet 15 cent. longueur du médius de la main droite 10 cent.; distance d'une commissure à l'autre de l'œil gauche, 3 cent.

Zaïnape, femme âgée de 19 ans, taille 1 mètre 535 mill.: cheveux châtain, noir, très-longs et fournis. Yeux marron-clair, entourés (iris) d'un cercle plus foncé, distance des deux commissures internes des yeux, 33 mill. Peau du visage, blanc et rouge; des mains, d'un blanc jaunâtre: peau (parties couvertes) d'un blanc un peu jaunâtre; oreilles petites et ovales; yeux presque en ligne droite: tour de tête, 56 cent.; partie antérieure, 28 cent.; d'une oreille à l'autre, 36 cent. Nez court, peu large. Diamètre de la tête en long, 179 mill.: le plus grand diamètre de la tête en larg. 155 mill. Tête brachycéphale, l'indice céphalique étant 86, 59.

Zoumératkhan, femme âgée de 19 ans, taille 1 mètre 553 mill. Peau (parties nues) jaune-clair,; les bras sont d'une couleur un peu plus claire que le visage; les cheveux noirs; les yeux sont en ligne droite, couleur marron; l'iris a un léger cercle noir bleuâtre tout autour; les sourcils sont peu fournis; le nez est court, peu large et droit; les oreilles sont moyennes et un peu saillantes; les dents sont moyennes, blanches, saines; les supérieures plus larges que les inférieures. La distance des deux commissures internes des yeux est de 33 mill. Le tour de tête est de 56 cent. la partie antérieure a 29 cent.; d'une oreille à l'autre il y a 34 cent.; l'occiput est proéminent. le plus grand diamètre de la tête en long. est 177 mill. le plus grand diamètre de la tête en larg. est de 160 mill. Tête brachycéphale, l'indice céphalique étant 90,39.

Khameba, femme âgée de 22 ans, taille 1 mètre 63 cent. 5. cheveux noir-marron, fournis, assez longs. Peau blanche; légèrement jaunâtre, parties couvertes pareilles; yeux petits, droits, couleur marron clair; oreilles grandes; sourcils arqués, noirs, peu fournis; dents saines, blanches, un peu inclinées; tour de tête, 57 cent., les cheveux sont fournis, partie antérieure 27 cent.; distance d'une oreille à l'autre, 33 cent.; l'occiput est peu prononcé, la dépression à la racine du nez est peu prononcée, la distance des deux commissures internes des yeux est de 38 mill.; le plus grand diamètre de la tête en large est de 145 mill.; la tête est brachycéphale l'indice céphalique étant 80,55.

Sakime Sakhé, femme âgée de 18 ans, taille 1 mètre 545 mill.; yeux marron-foncé, ayant un cercle autour de l'iris, ils sont en ligne droite et petits, il n'y a presque pas de cils, les sourcils sont très-peu fournis et arqués, les cheveux sont rares et d'un noir châtain, les oreilles sont un peu saillantes, les dents sont blanches et saines, la peau (parties nues) est jaune clair, les parties couvertes sont blanches, le tour de tête est de 53 cent.; la partie antérieure, 27 cent. Le plus grand diamètre de la tête en long, est de 166 mill.; le plus grand diamètre de la tête en larg. est de 150 mill.; les bosses sourcilières sont très-peu prononcées, la dépression au-dessus du nez est presque nulle, l'occiput est peu proéminent, tête brachycéphale, l'indice céphalique étant 90,36.

Soédate Mohamed Ali, femme âgée de 21 ans, taille 1 mètre 54 cent., peau (parties nues) d'un jaune blanc; parties couvertes, plus claires; yeux châtains entourés d'un cercle un peu bleuâtre; cheveux châtain foncé, mais, vus en masse, ils paraissent noirs; sourcils, grands, noirs, très-larges, croisés, se voient jusqu'aux coins extérieurs des yeux; il y a mêmeune légère moustache; les cils ont de 5 à 6 mill. de long, ils sont noirs et fournis en haut. Distance des deux commissures internes des yeux 38 mill.; le plus grand diamètre en long. est de 175 mill; le plus grand diamètre de la tête, en larg., est de 154 mill.; la saillie occipitale est peu sensible; il y a 118 mill. du point sus-nasal au trou auriculaire, et 130 mill. du trou auriculaire au point bregmatique; il y a 100 mill. du trou auriculaire à l'occiput; le plus petit diamètre de l'os frontal est 128 mill., presque sur la ligne des yeux; la plus grande largeur de la face est de 141 mill.; le tour de la tête est de 563 mill.; il y a beaucoup de cheveux, la partie antérieure est 30 cent.; il y a une distance de 37 cent., d'un trou auriculaire à l'autre par le dessus de la tête; il y a 10 cent., d'un trou auriculaire au point bregmatique; les bosses sourcilières sont fuyantes et fort peu prononcées; la dépression qui est à la base du front, entre les deux yeux est peu profonde; de la ligne joignant les yeux à la racine des cheveux, du point sus-nasal à la base du nez il y a 41 mill.; du point sus-nasal au point sous-mental, il y a 118 mill.; du point sous-nasal au bord des incisives, il y a 24 mill.; du point sous-nasal au point alvéolaire, il y a 18 mill.; distance des deux angles de la mâchoire inférieure, 105 mill.; du point sus-nasal à l'angle de la mâchoire, il y a 126 mill.; du trou auriculaire à l'angle de la mâchoire, il y a 57 mill.; plus grande largeur du nez, à la base 38 mill., les dents sont saines, entières, blanches, légèrement proéminentes, régulières, bien implantées, non teintes; distances des deux commissures externes des yeux, 102 mill.; les cheveux sont abondants, pas fins et raides au toucher. Tête brachycéphale, l'indice céphalique étant 88,00.

Karakhotime Silevi, femme âgée de 27 à 30 ans. Taille 1 mètre 475 mill.; yeux châtain jaunâtre; distance des deux commissures internes, 42 mill.; distance entre les sourcils, 25 mill.; la longueur du tour de tête est de 575 mill.; la partie antérieure est de 29 cent. La longueur d'une oreille à l'autre en passant par-dessus la tête est de 355 mill. ; le plus grand diamètre de la tête en long. est de 184 mill.; le plus grand diamètre de la tête en larg. est de 156 mill.; la distance d'un trou auriculaire à l'autre est de 131.5 mill. : la distance des deux angles de la mâchoire inférieure est de 96 mill.; du trou auriculaire au point bregmatique, il y a 145 mill ; du trou auriculaire au point sus-nasal, il y a 114 mill. ; du trou auriculaire au point sus-mental, il y a 125 mill. ; du trou auriculaire à l'occiput, il y a 120 mill.; la dépression qui est à la racine du nez, est peu profonde; les bosses sourcilières sont peu marquées; les pommettes sont saillantes; du point extérieur de l'une à l'autre, il y a 134 mill. Distance d'une commissure à l'autre de l'œil gauche, 29 mill.; distance du point sous-nasal à la racine des cheveux 116 mill. : distance du point sous-nasal au point sus-nasal, 43 mill.; distance du point sus-nasal à la racine des cheveux, 73 mill.; distance du point sus-nasal au point sous-mental 108 mill.; distance du point sous-nasal au point sous-mental, 69 mill., distance du point sous-nasal au bord des incisives, 26 mill.: distance du point sous-nasal au point alvéolaire, 21 mill. Les dents sont saines; celles du bas sont droites et bien jointes; celles du haut sont saines aussi, mais espacées : les deux incisives du milieu le sont par exemple de 2 mill. Les oreilles sont petites, ovales et un peu saillantes : les cils, surtout ceux de la paupière supérieure, sont assez longs et fournis : largeur de la bouche fermée, 5 cent.; les mains sont très-petites, larges; les doigts sont courbés; la main a 157 mill. de longueur; la longueur du médius est de 93 mill.; les ongles sont courts et laids; le tour du petit doigt, à sa base, est de près de 6 cent.; le tour du poignet est de 17 cent.; le tour du cou est de 35 cent.: la plus grande largeur du nez est de 34 mill., à sa base; longueur des cheveux, 106 cent. Tête brachycéphale, l'indice céphalique étant 84,78.

FEMME SARTE

Liste de photographies anthropologiques faites dans le Ferghanah[1]

N°		PEUPLES	LIEU DE NAISSANCE	AGE	COULEUR DE LA PEAU — Parties découvertes	COULEUR DE LA PEAU — Parties couvertes	CHEVEUX	BARBE	YEUX	TAILLE
		USBEGS.								
1	1	Dadavai	Marghellâne	[illegible]	25	21	[illegible]	[illegible]	[illegible]	171
2	2	Ata Big	Id	28	32	25	18	18	1	172
3		Soéfate-Mohammed-Ali (femme)	Id	21	[illegible]	[illegible] châtre	[illegible]		[illegible]	151
		TADJIKS.								
4	1	M[illegible] Ismael	[illegible] (près Marghellâne)	52	26	21	[illegible]	11	11	168
5	2	Abdul-Kérim[2]	[illegible]	[illegible]	32	26	37	30	11	179
6	3	N[illegible]-Khan (femme)	Marghellâne	16	25	21	12	—	1	165
7	4	Nor-Mohamed	Kokand	27	[illegible]	[illegible]	[illegible]	[illegible]	[illegible]	167
8	5	Mazia	Près de Kokand	[illegible]	[illegible]	[illegible]	[illegible]	[illegible]	[illegible]	162
		KARAKIRGHISES.								
9	1	Holmahat	Koukdjar	42	25	21	29	30	8	171
10	2	Ougoul-B[illegible]avé	Oatch-Kourg[illegible]	21	32	31	18		3	172
11	3	Kara[illegible] Stebar (femme)	Tchouktchemeghil	27 à 30	[illegible]	[illegible]	châtain [illegible]		[illegible]	148

1. Les [illegible] correspondent au tableau chromatique du Dr Broca.
2. Blond ard[illegible].

Liste de photographies anthropologiques faites dans le Ferghanah (*Suite*)

N°	PEUPLES	LIEU DE NAISSANCE	AGE	COULEUR DE LA PEAU Parties nues	Parties couvertes	CHEVEUX	BARBE	YEUX	TAILLE
	KARA-KALPAKS.								
12	1) Haib	Près du Syr-Daria	50	32	26	gris.	41	2	169
13	2) Majarib	*Id*	22	31	30	48		2	168
14	3) Saib	Tchinavat	50	33	32	gris.	grise.	2	168
	TOUROUKS.								
15	1) Mirza-Koul	Koulla	62	32	26	blancs.	blanche	4	180
16	2) Younouz	Aravane	21	32	26	41	41	2	164
	BOHÉMIENS-LOULIS.								
17	1) Schir Gazi	?	51	32	30	gris.	grise.	4	167
18	2) Ismael	?	35	32	31	48	48	2	164
19	3) Halsal-Koul	Marghellâne	33	32	30	42	42	3	175
	JUIFS.								
20	1) Pinhas	Marghellâne	38	25	24	48	48	2	171
21	2) Isaak	*Id*	18	25	21	43	—	1	158
22	3) Sarah	*Id*	18	25	21	48	—	2	[illegible]

Liste de photographies anthropologiques faites dans le Ferghanah (Fin)

N°	PEUPLES	LIEU DE NAISSANCE	AGE	COULEUR DE LA PEAU — Parties nues	COULEUR DE LA PEAU — Parties couvertes	CHEVEUX	BARBE	YEUX	TAILLE
	KIPTCHAKS.								
23	1) Igane-Berdet	Assaké	31	30	40	18	48	1	170
24	2) Saatime	Charikhana	15	32	32	31	12	1	161
25	3) Makhasate Khoudaberdi	Karchi	19	jaune blanc.	blanc un peu jaune.	châtain noir.		marron.	151 1/2
	KACHGHARIENS.								
26	1) Tilla Khodja	Kachghar	61	32	26	blancs.	blanche.	21	179
27	2) Youssouf	Id.	17	25	26	41		1	165
28	3) Tach-Khan (femme)	[illegible]	19	32	26	18		3	161
	SARTES.								
29	1) Saïd	Marghellâne	20	32	25	41		1	178
30	2) Mahtoab (femme)	Kokand	19	32	26	11		1	160
31	3) Sunna Sakhé (femme)	Andijane	18	blanc jaunâtre.	presque blanches.	châtain noir.		marron foncé.	171 1/2
32	4) Khameba (femme)	Namangane	22	[illegible] jaunâtre.	peu différentes.	marron noir.		marron clair.	163 1/2
33	5) Zoumrat-Khan (femme)	Kokand	19	jaune clair.	un peu plus claires.	noirs.		marron.	155
34	6) Za[illegible] (femme)	Id.	19	blanche.	moins blanches.	châtain noir.		marron clair.	154
35	7) Tourdébaï Chouk-arbat (homme)	Id.	18	jaune rougeâtre.	moins rouges.	blancs.	blanche.	bleu clair.	150

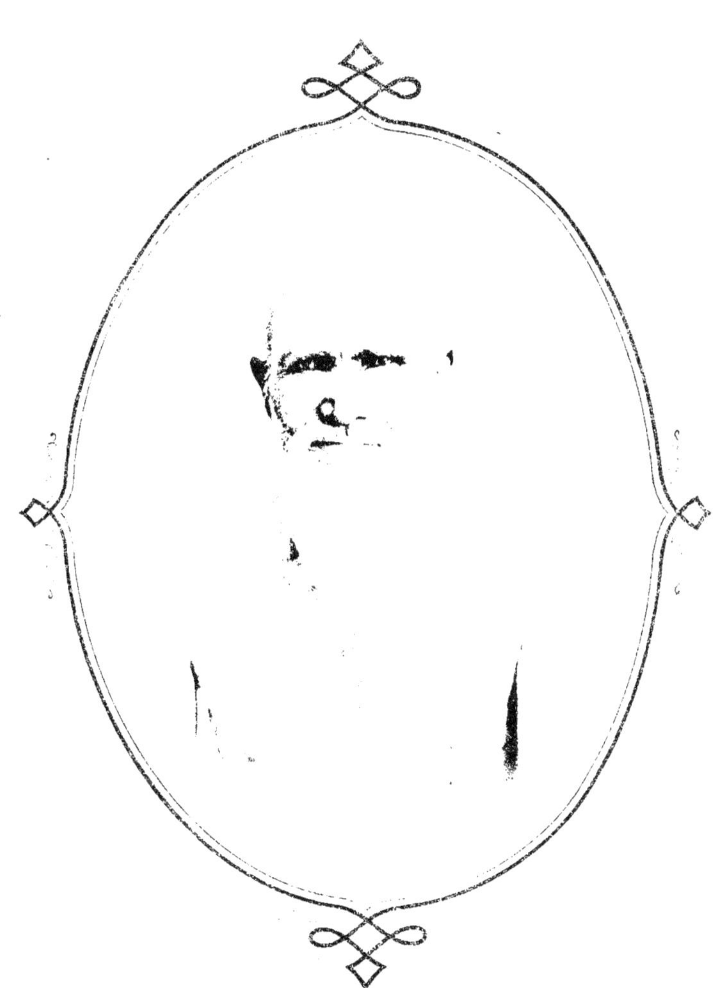

Fig. 1

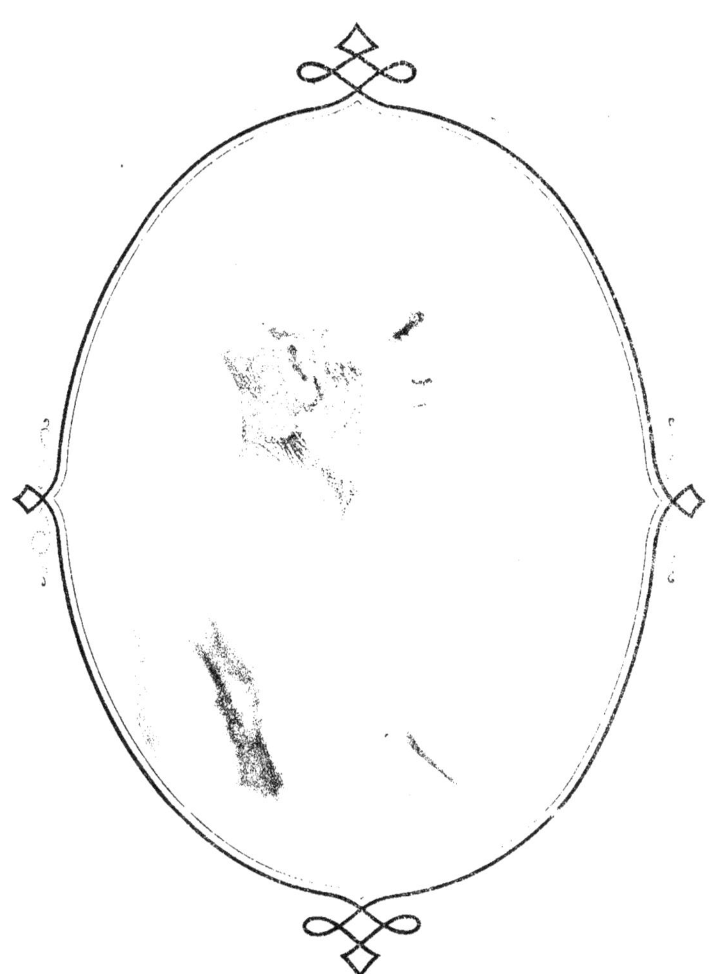

Fig. 2

Pl. 3

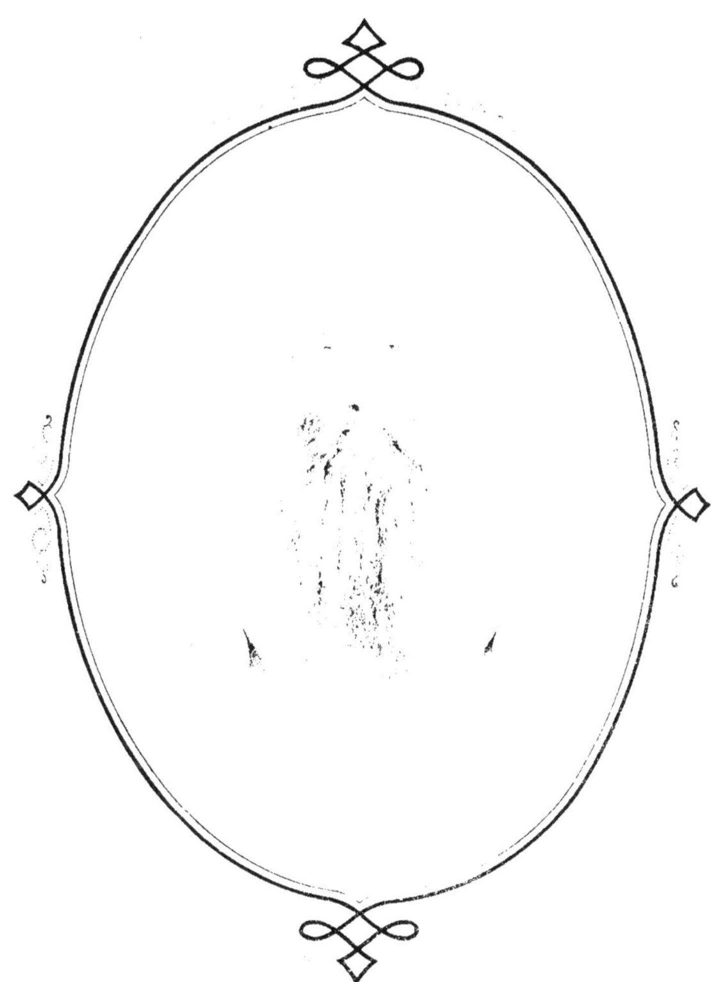

Fig. 2

Pl. 4

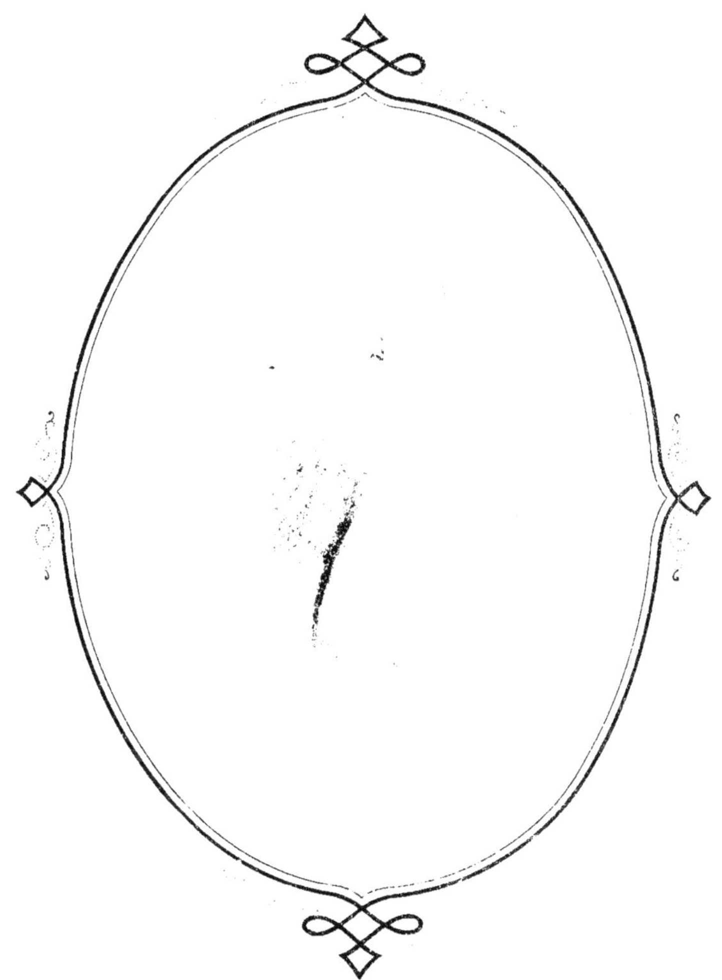

Fig. 4

Pl. 7

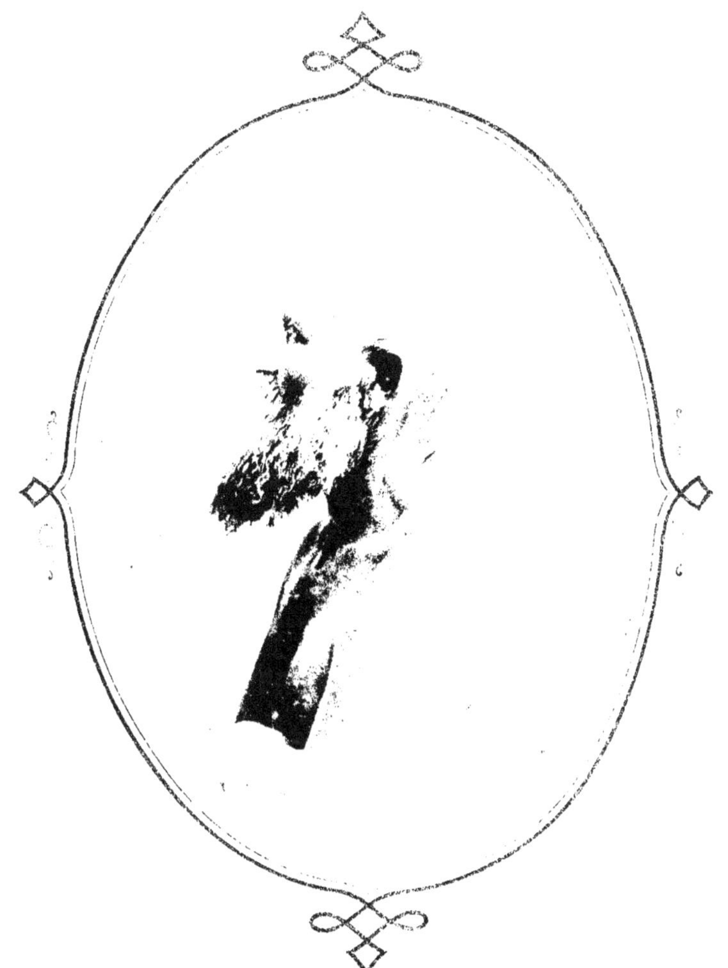

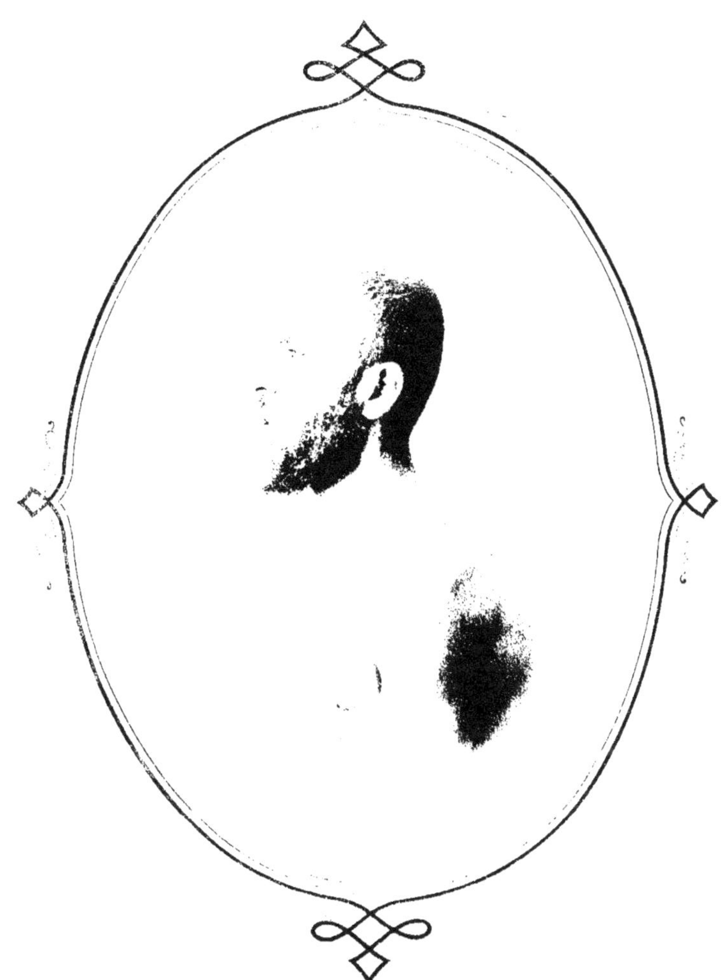

Fig. 3

Fig. 6

Fig. 7

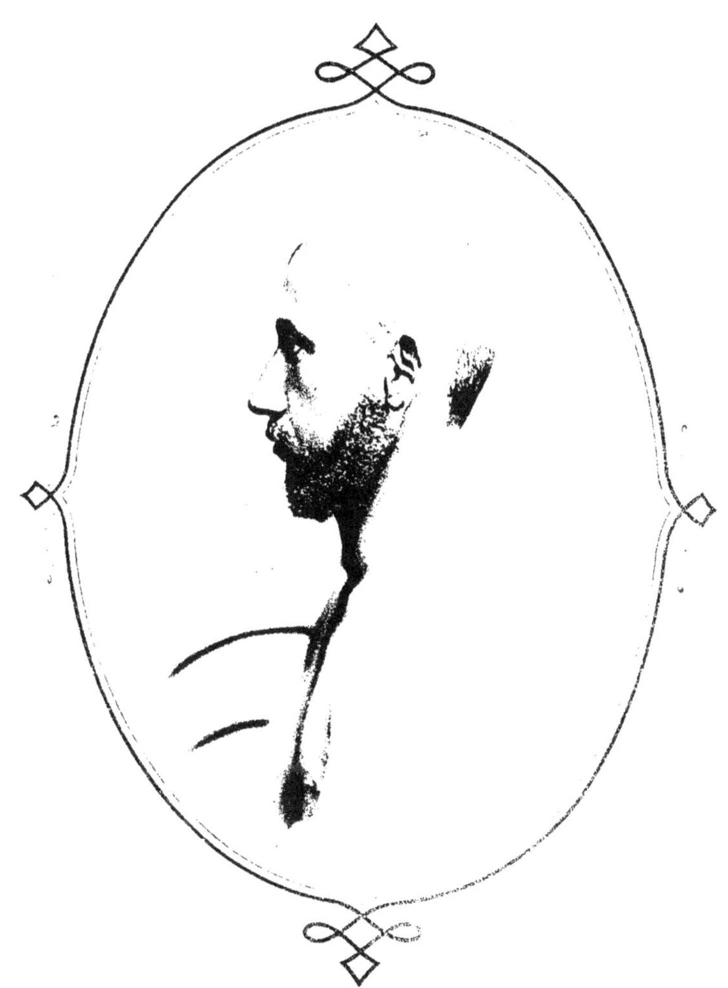

Fig. 6

Pl. 15

Fig. 8

Pl. 16

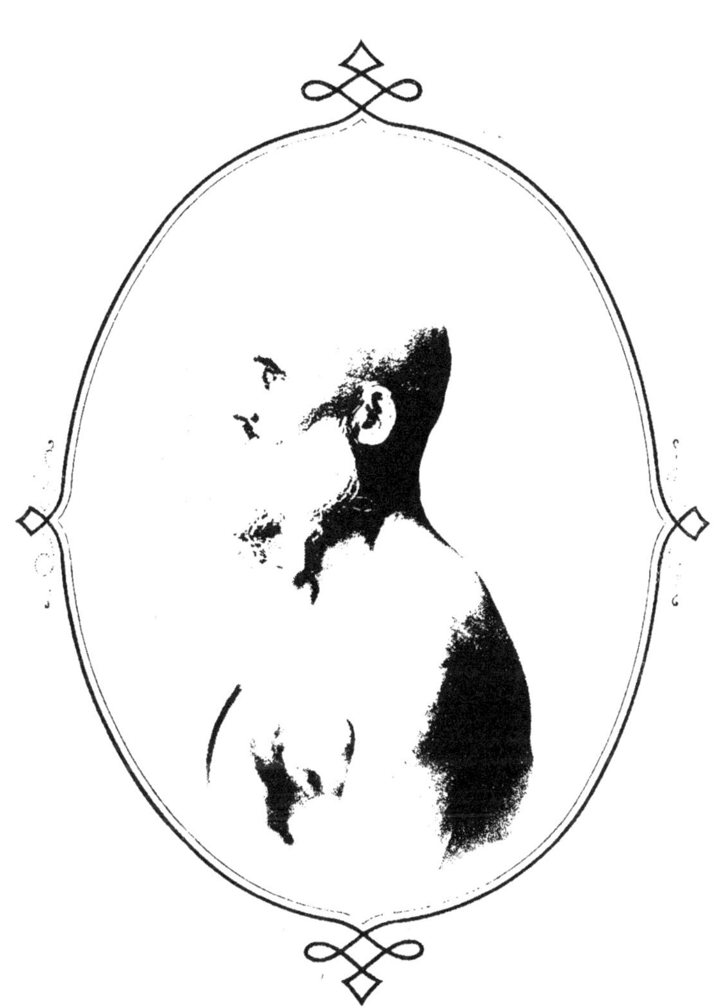

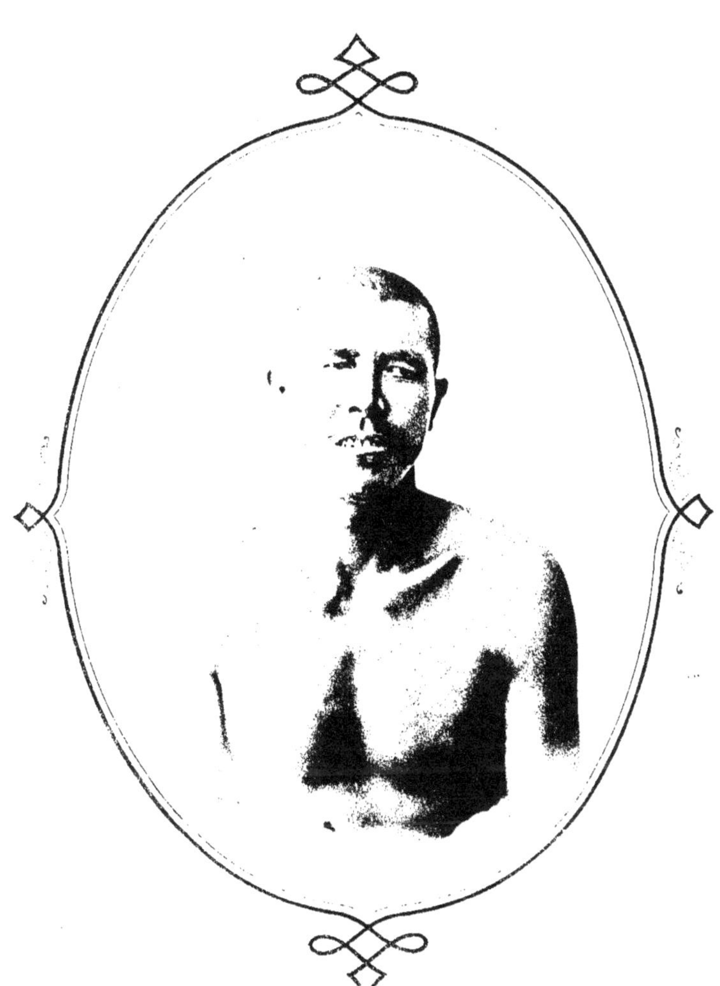

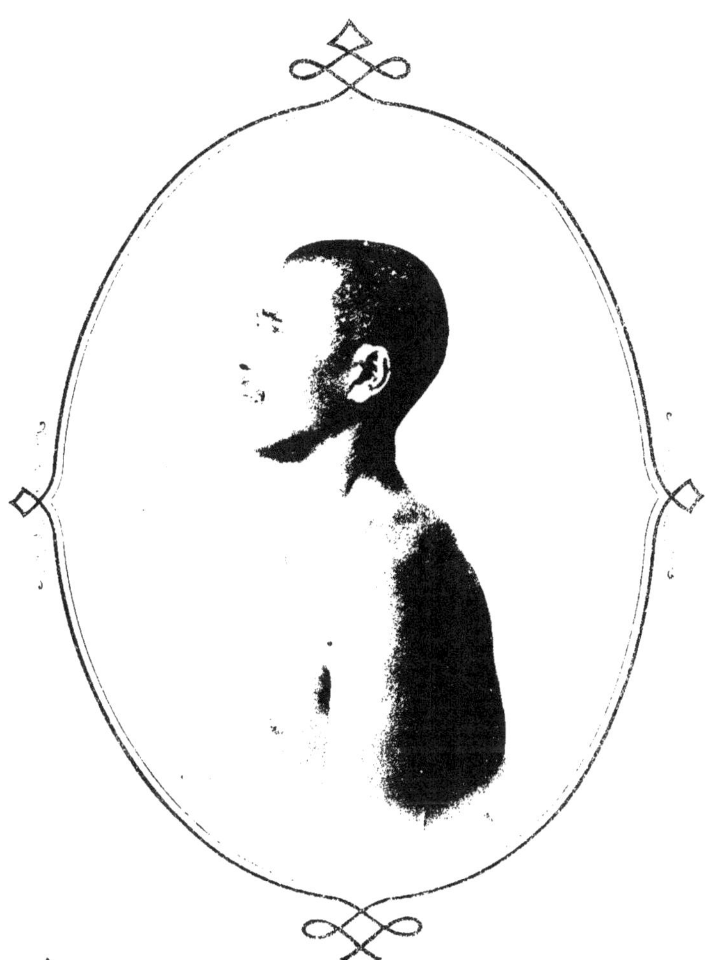

Fig 10

Pl. 19

Fig. 10 Pl. 40

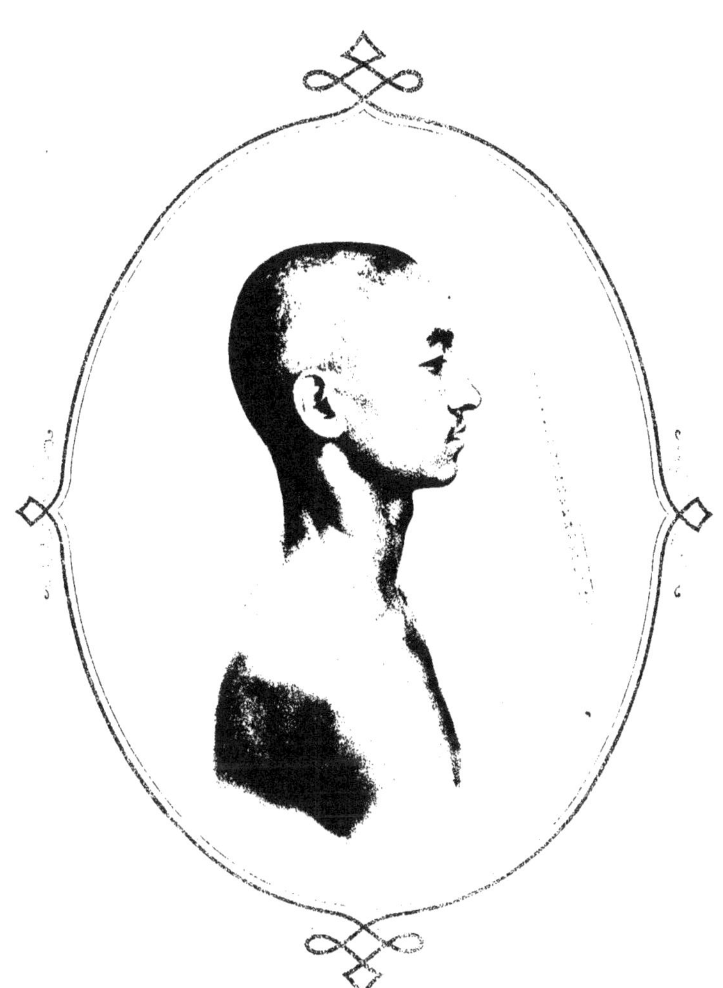

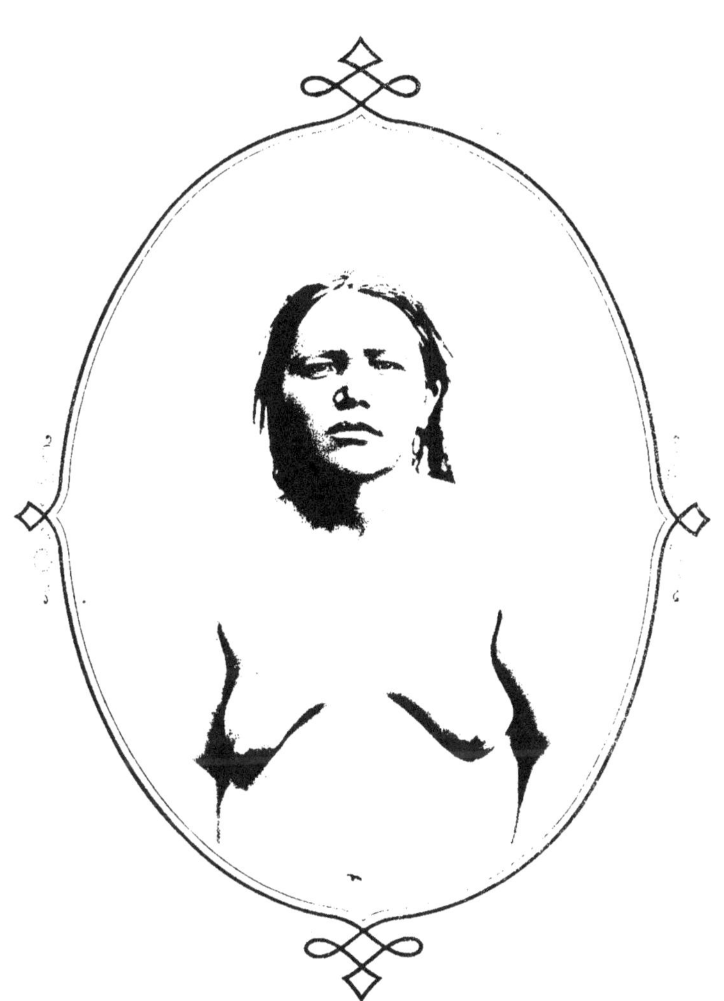

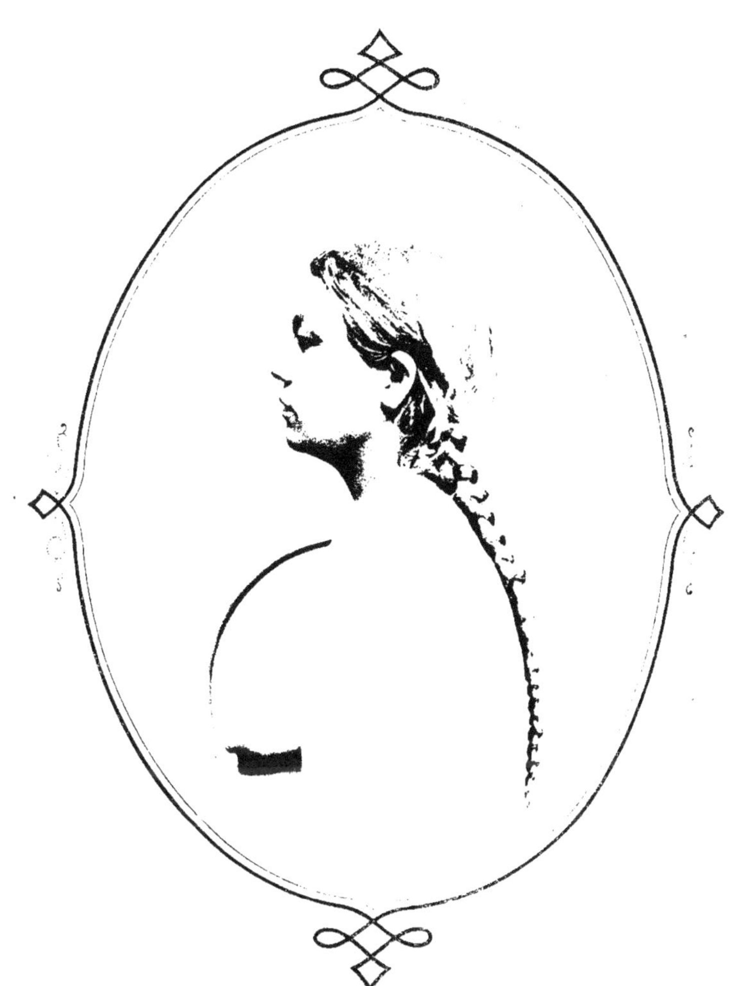

Fig. 12

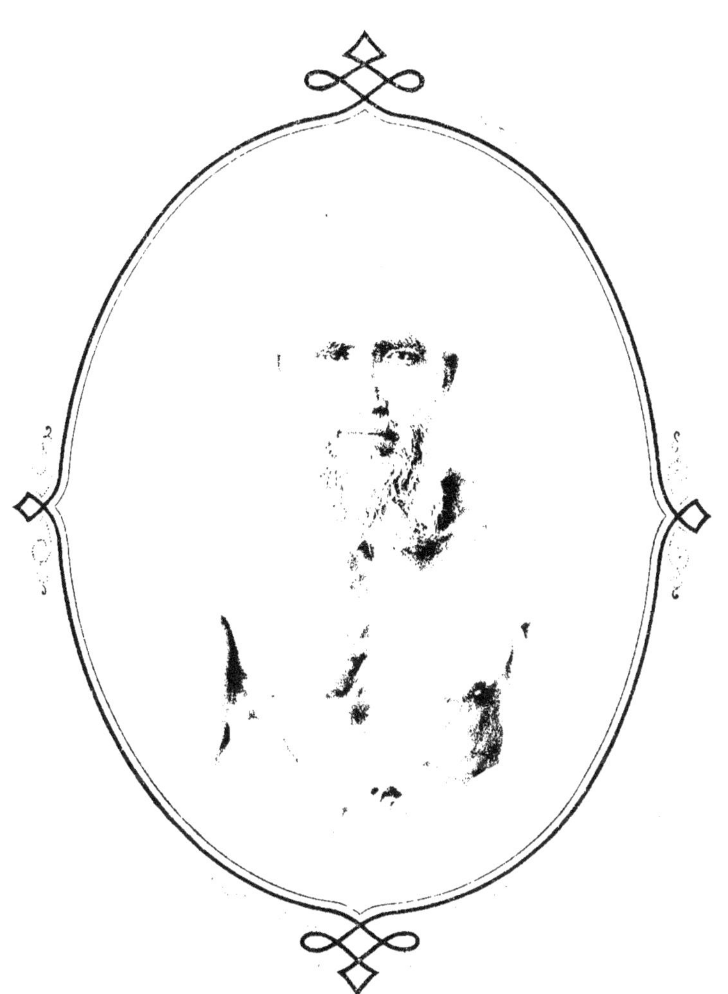

Fig. 12

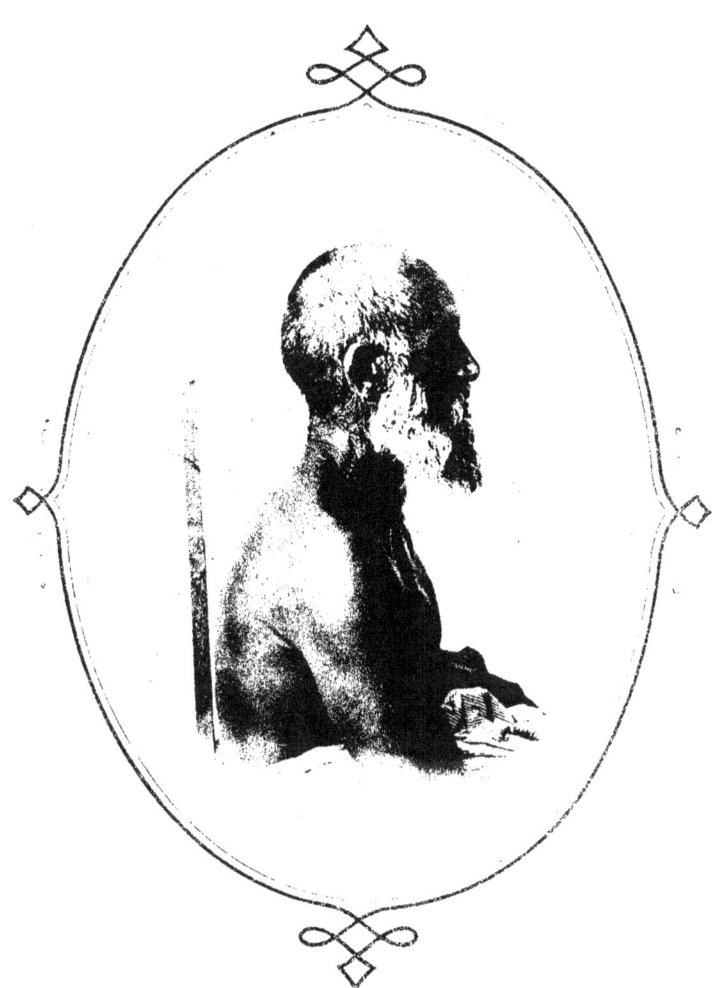

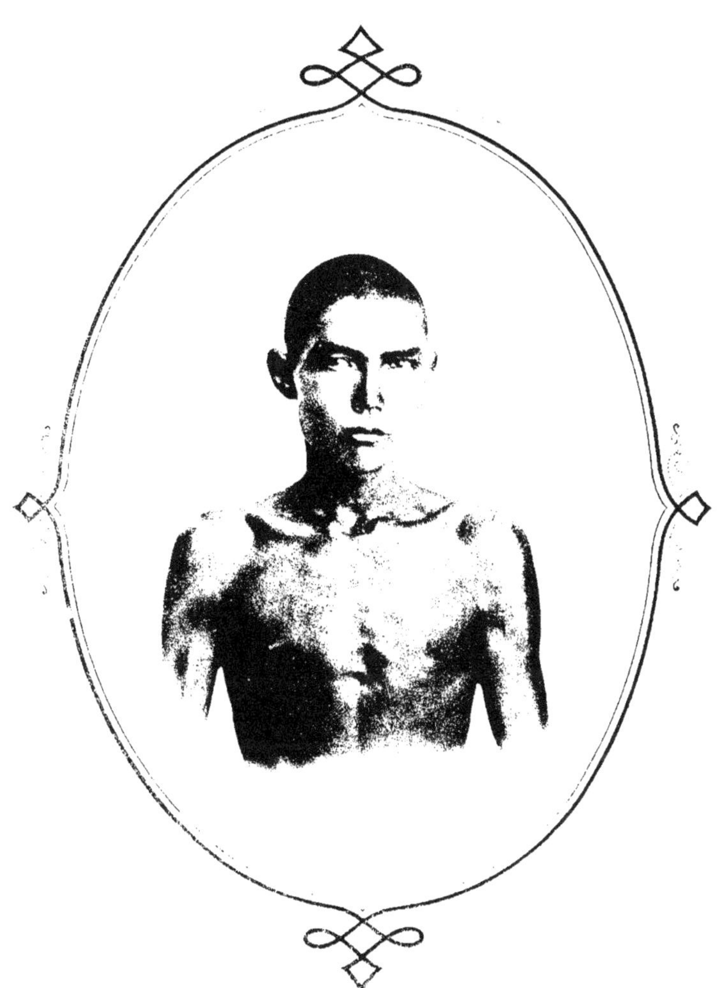

Fig. 13

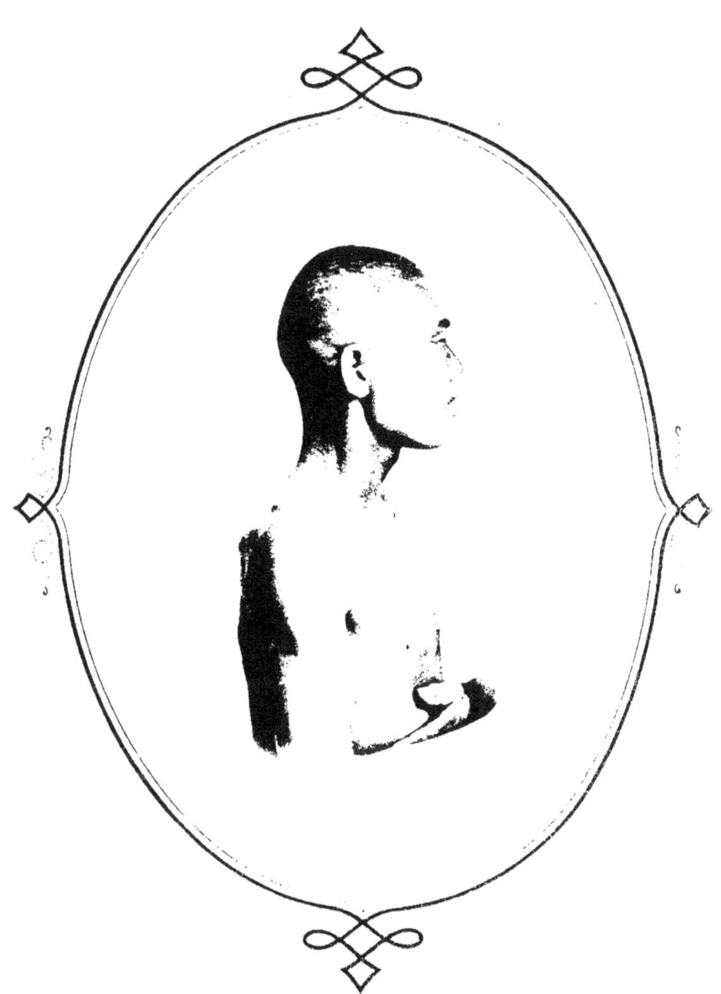

Fig. 14

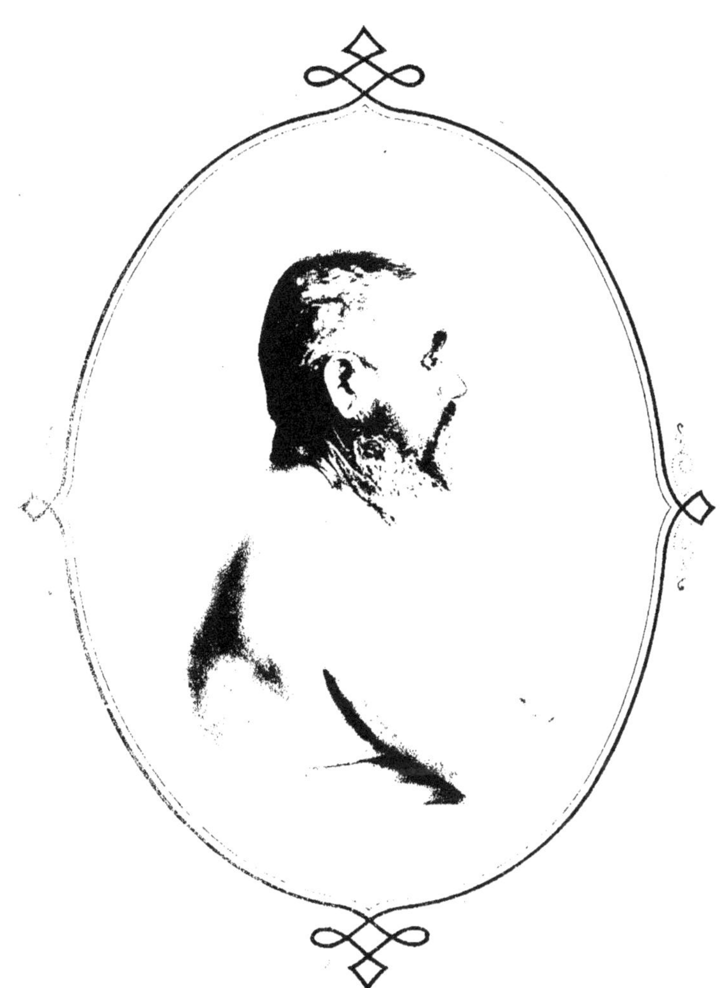

Fig. 15

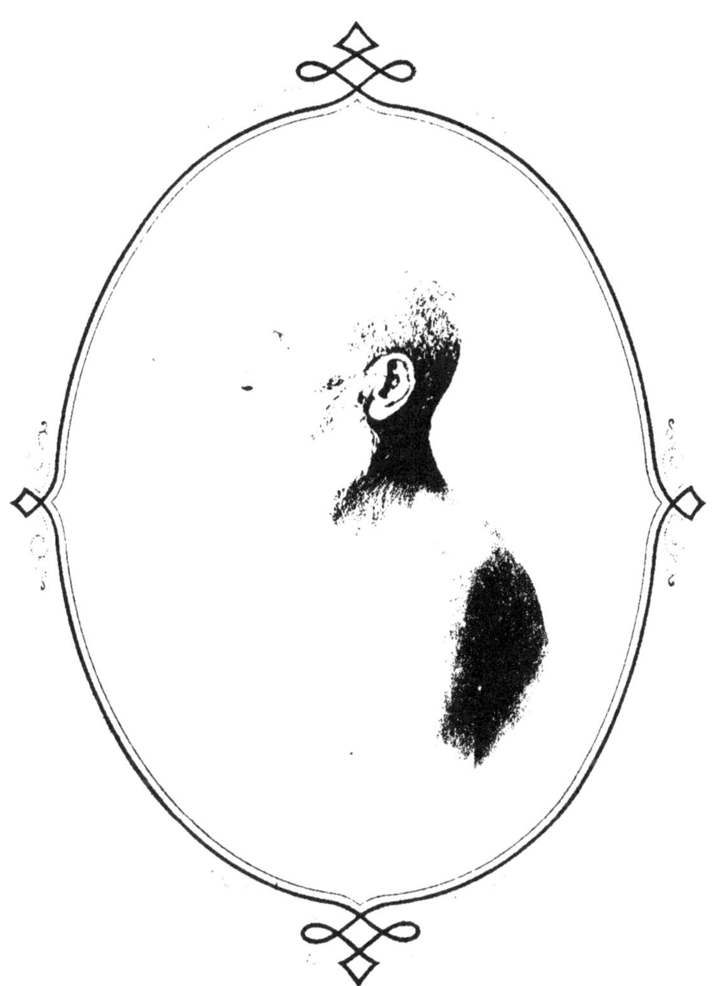

Fig. 16 Pl. 31

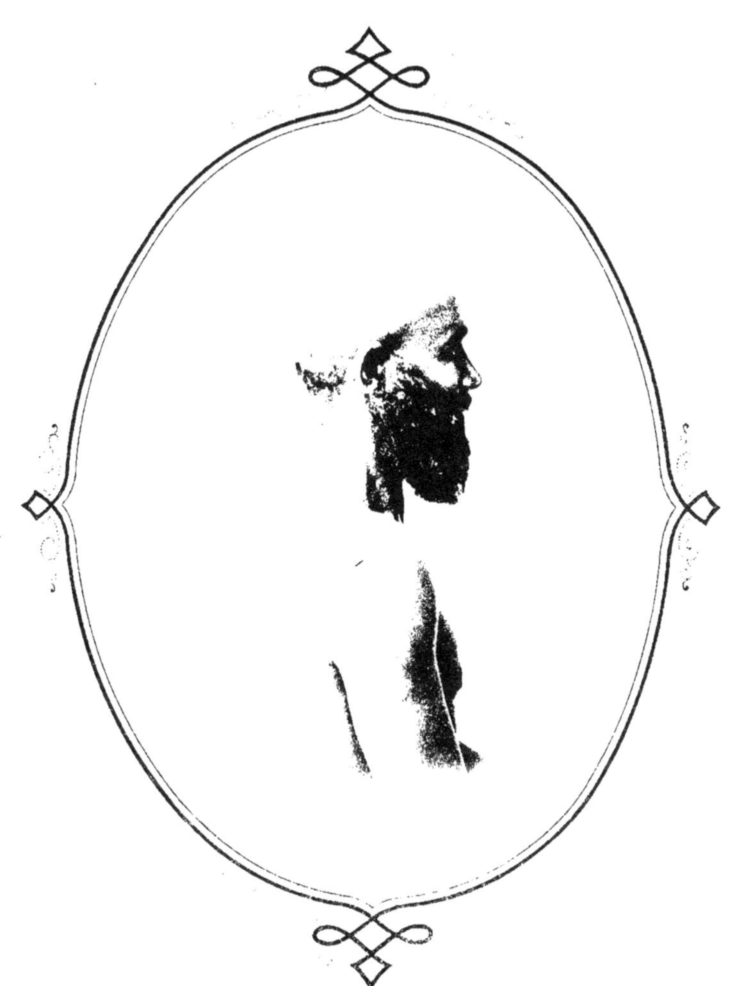

Fig.17

Fig. 17

Pl. 24

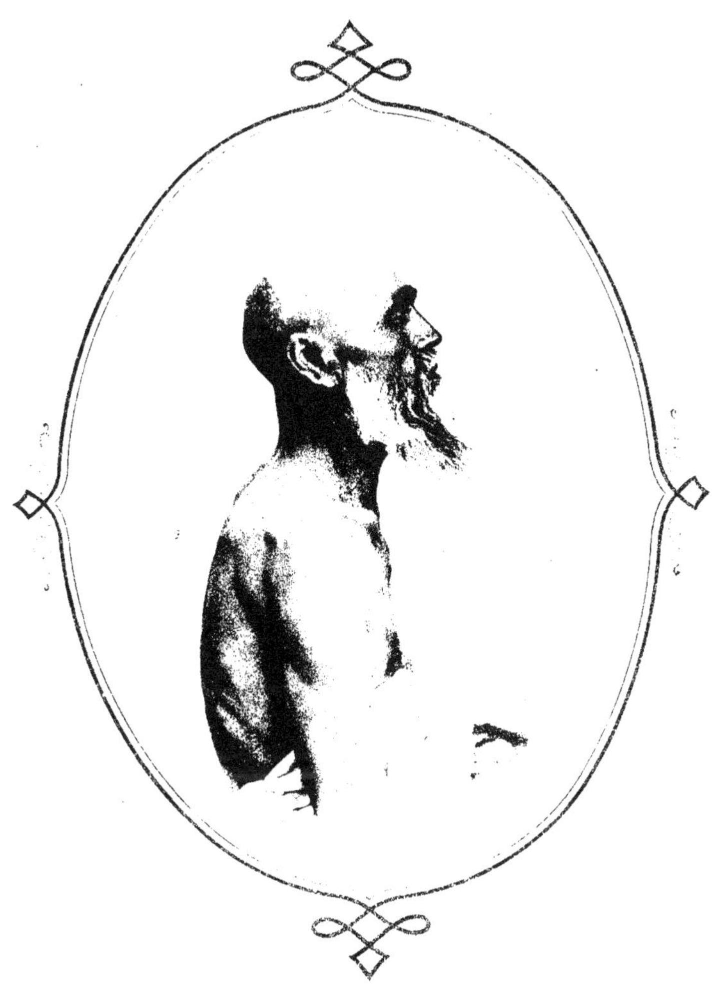

Fig. 18 Pl. X5

Fig. 18

Pl. 36

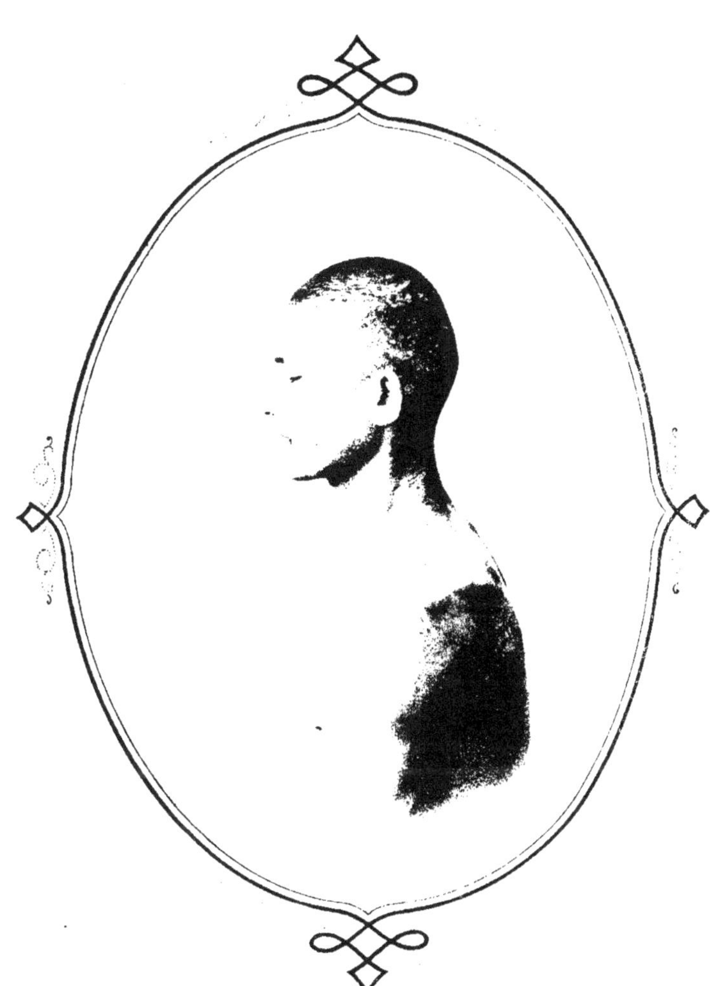

Fig. 19

Pl. 37

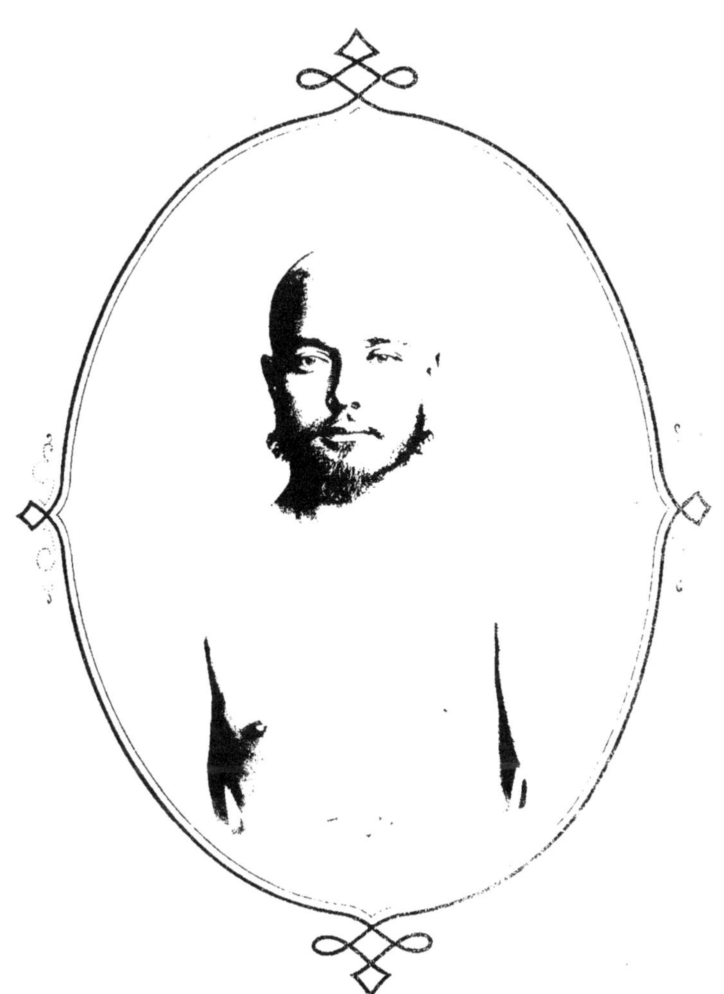

Fig. 19 Pl. 28

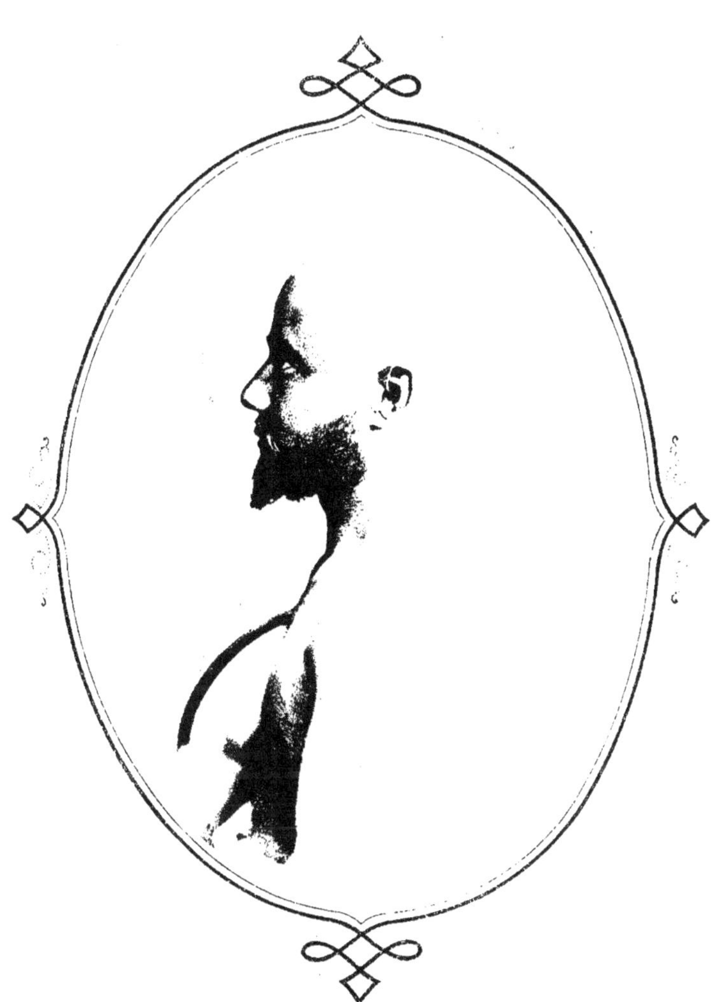

Fig. 20

Pl. 39

Fig. 20

Fig. 41 PL. 41

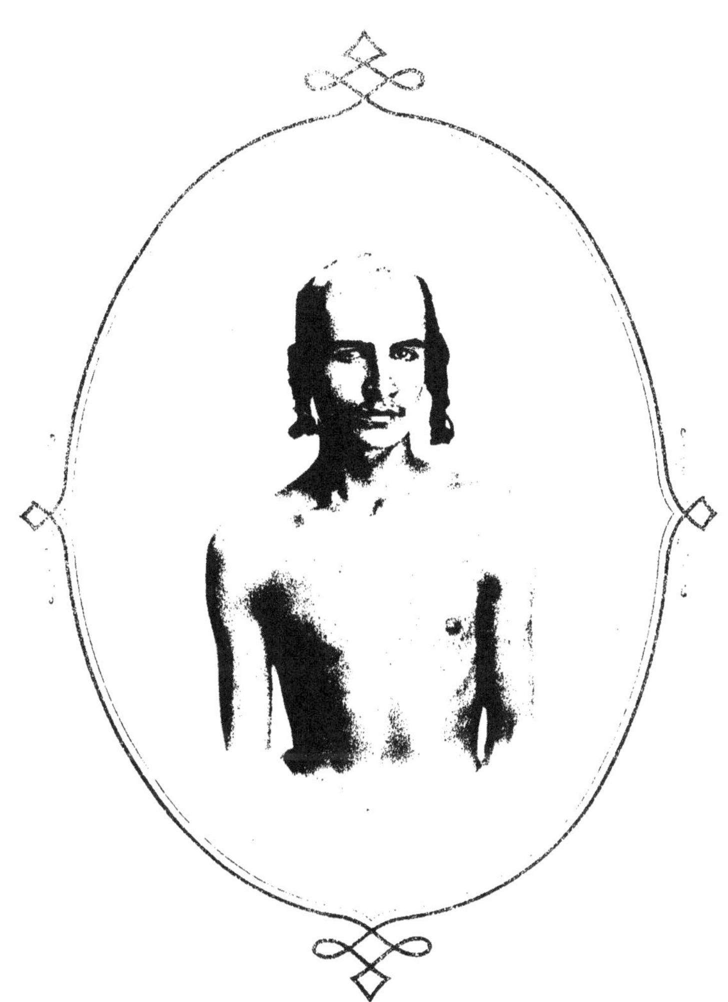

Fig. 81 Pl. 42

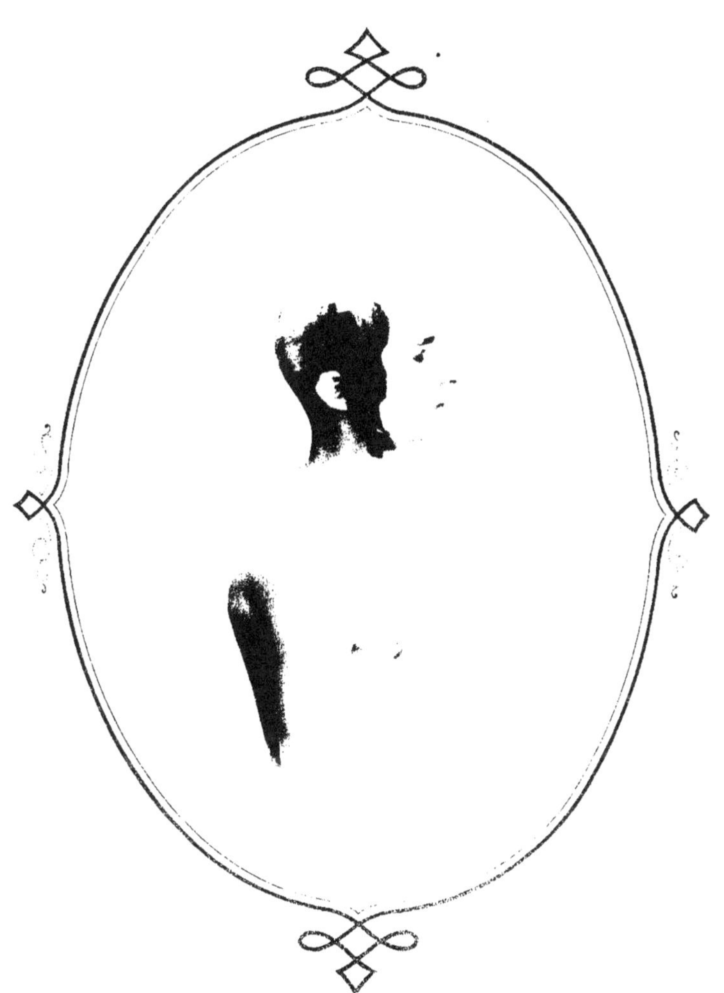

Fig. 12

Pl. 43

Fig. 22

Pl. 44

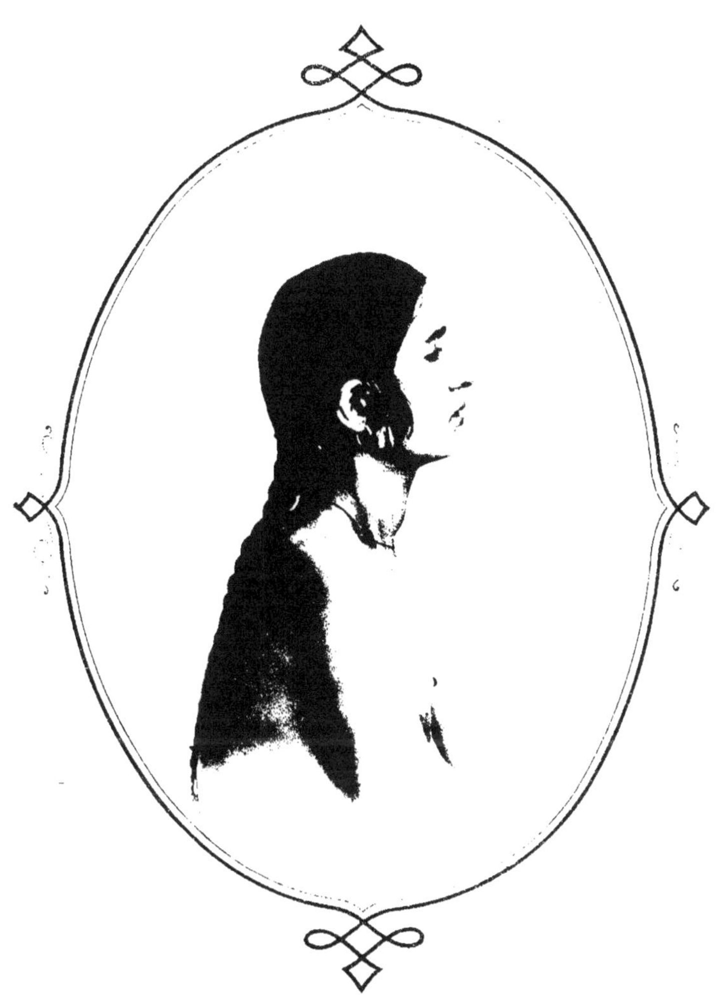

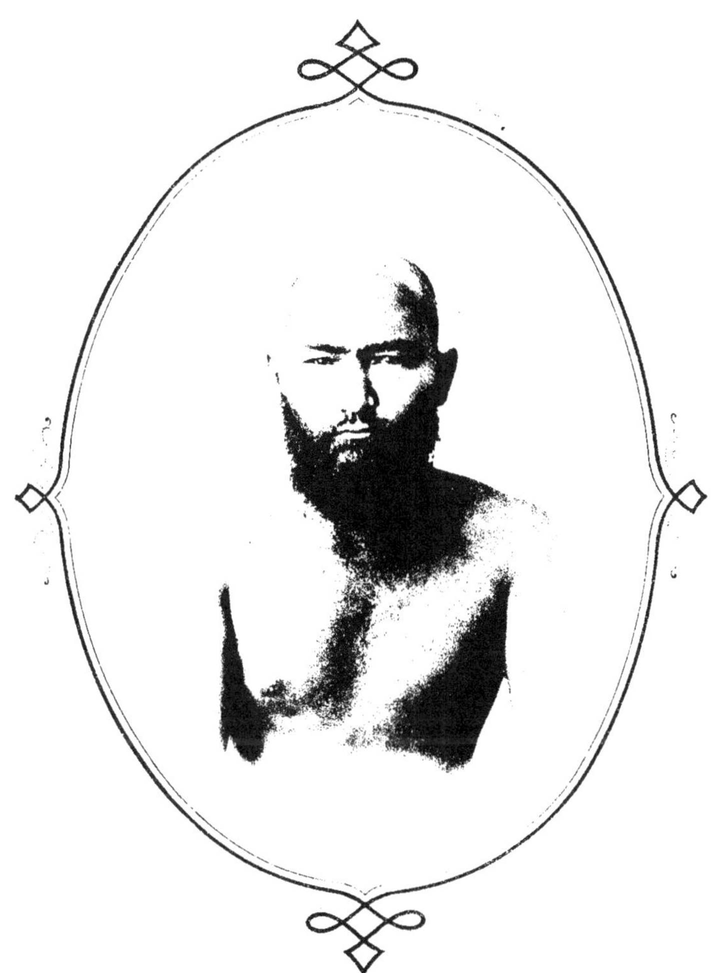

Fig. 84

Pl. 47

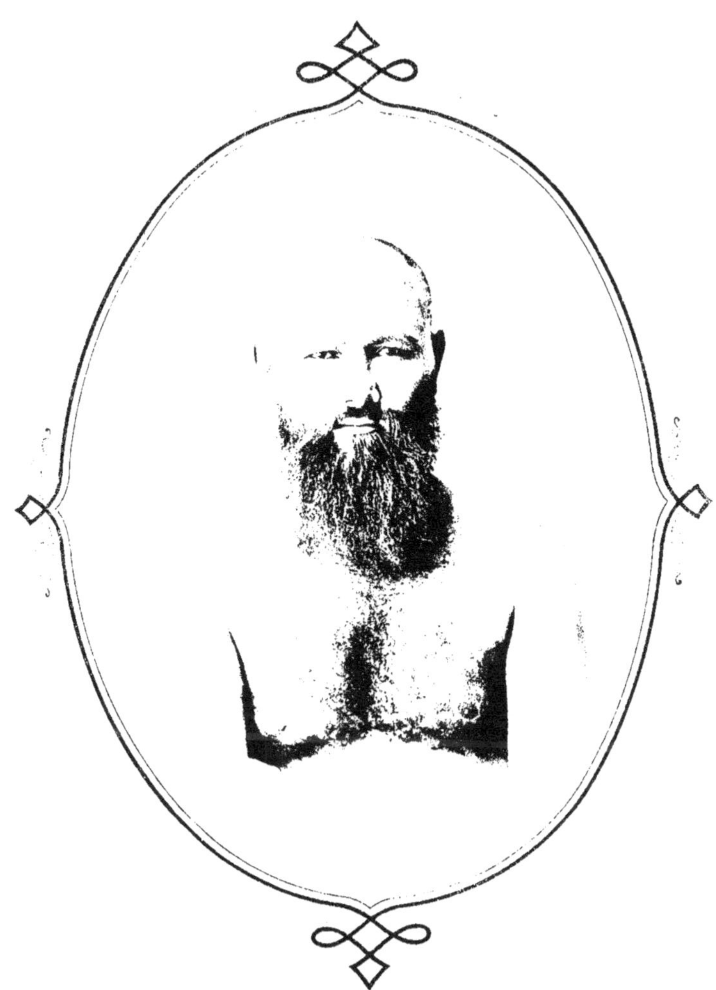

Fig. [illegible] Pl. 4[e]

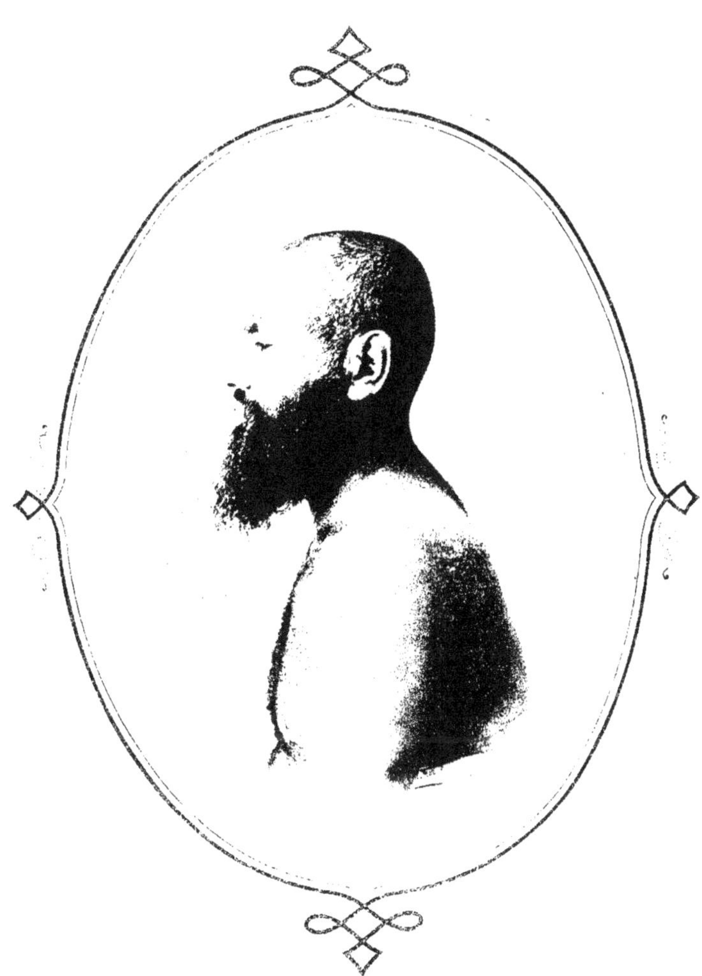

Fig 25

Pl 50

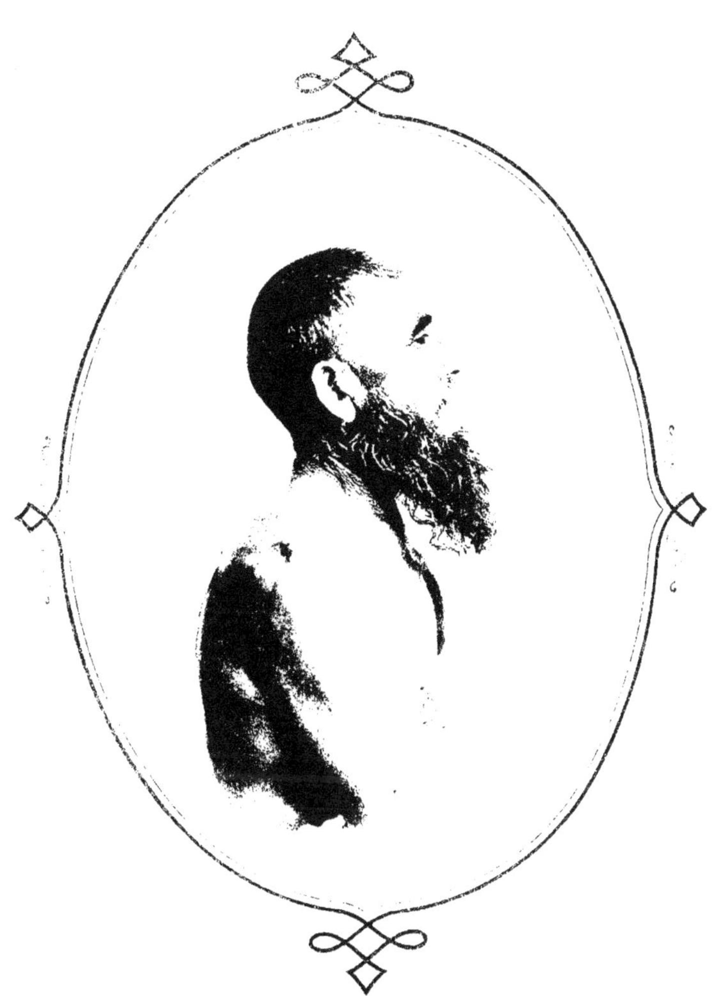

Fig. 27

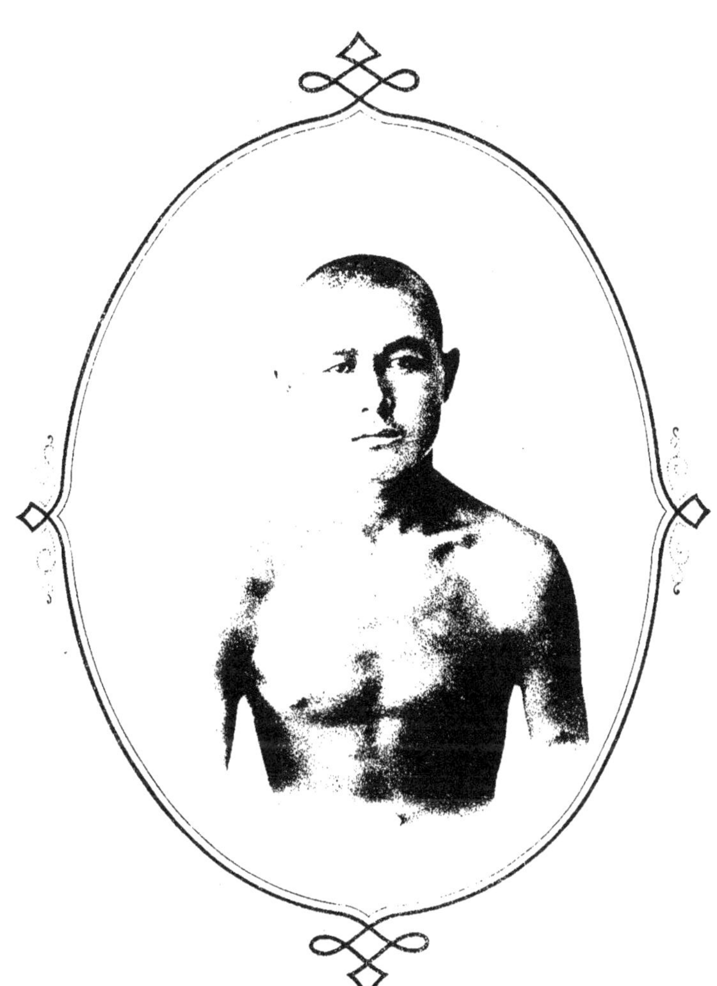

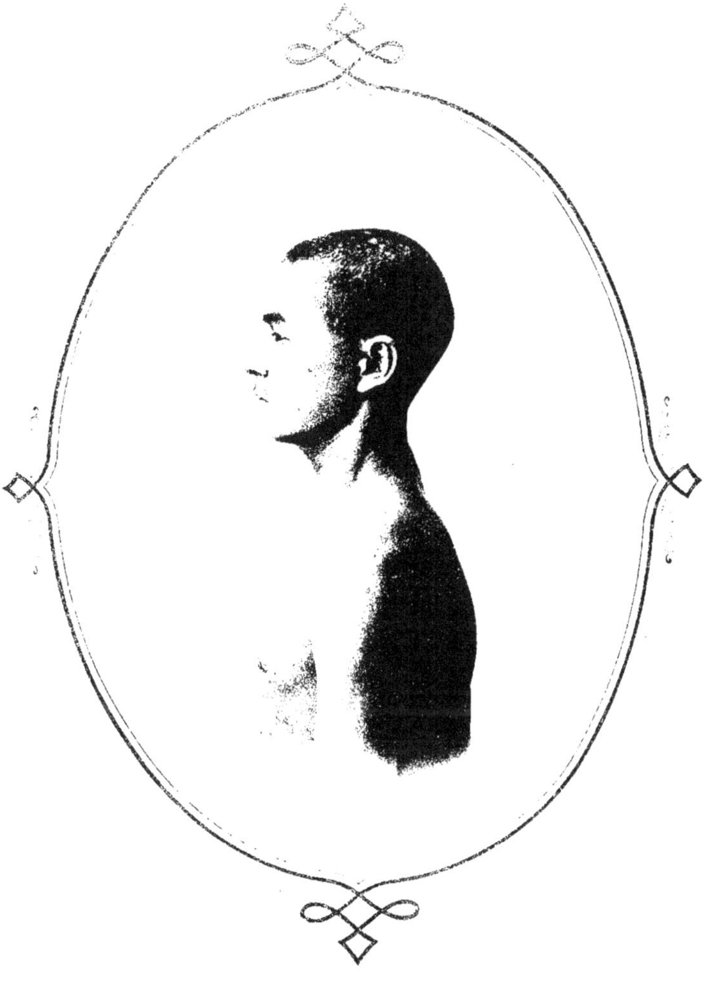

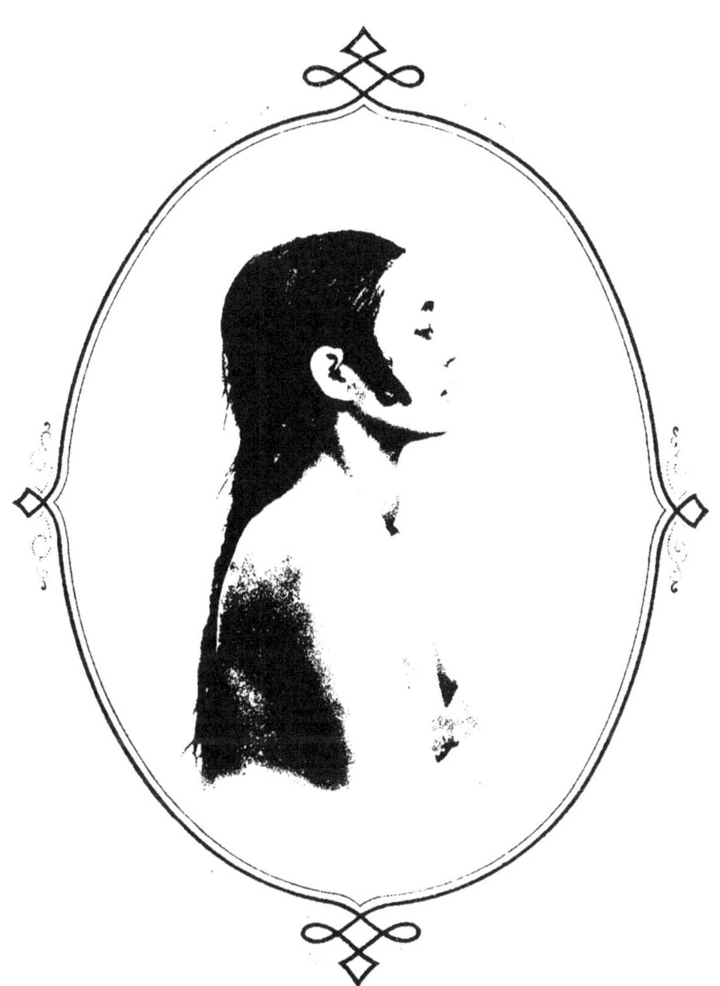

Fig. 29

Fig. 29

Pl. 58

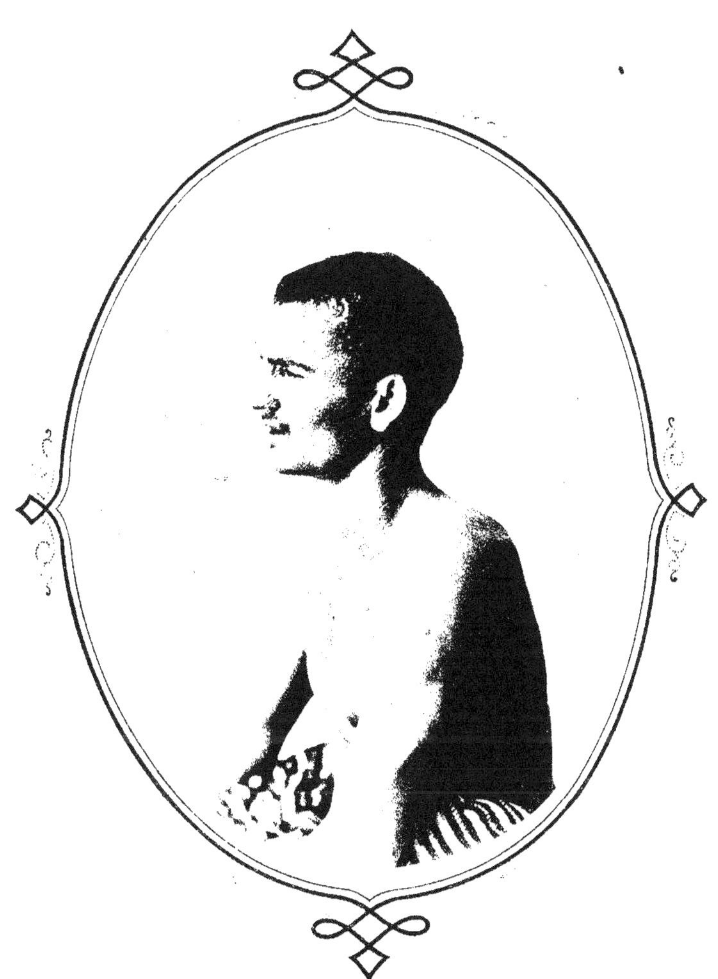

Fig. 59

Pl 59

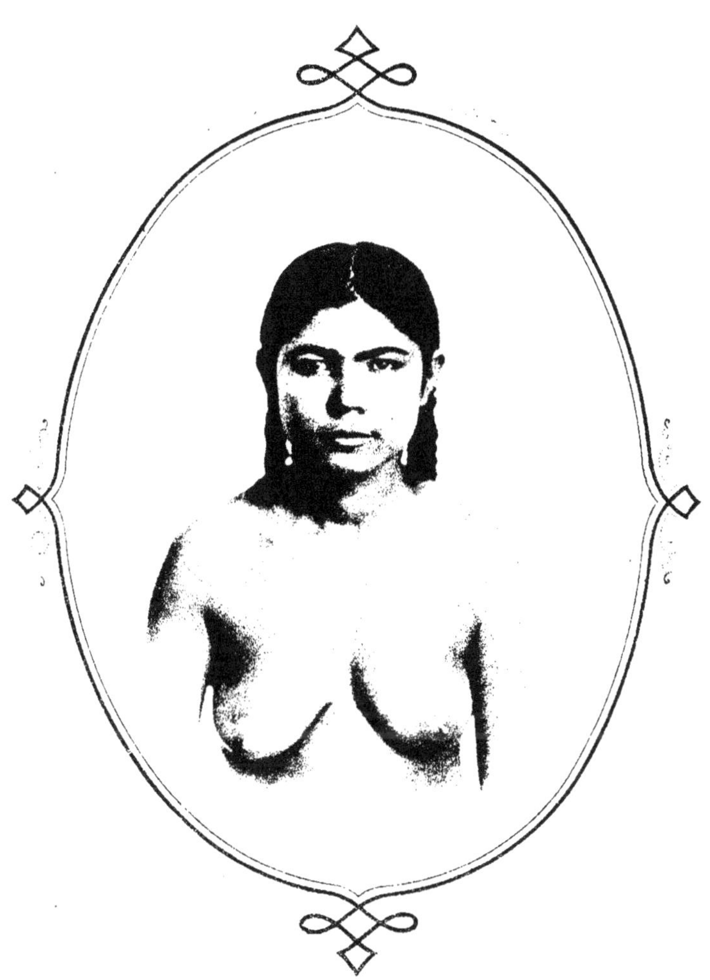

Fig. 30 Pl. C[illegible]

Fig. 32

Pl. 42

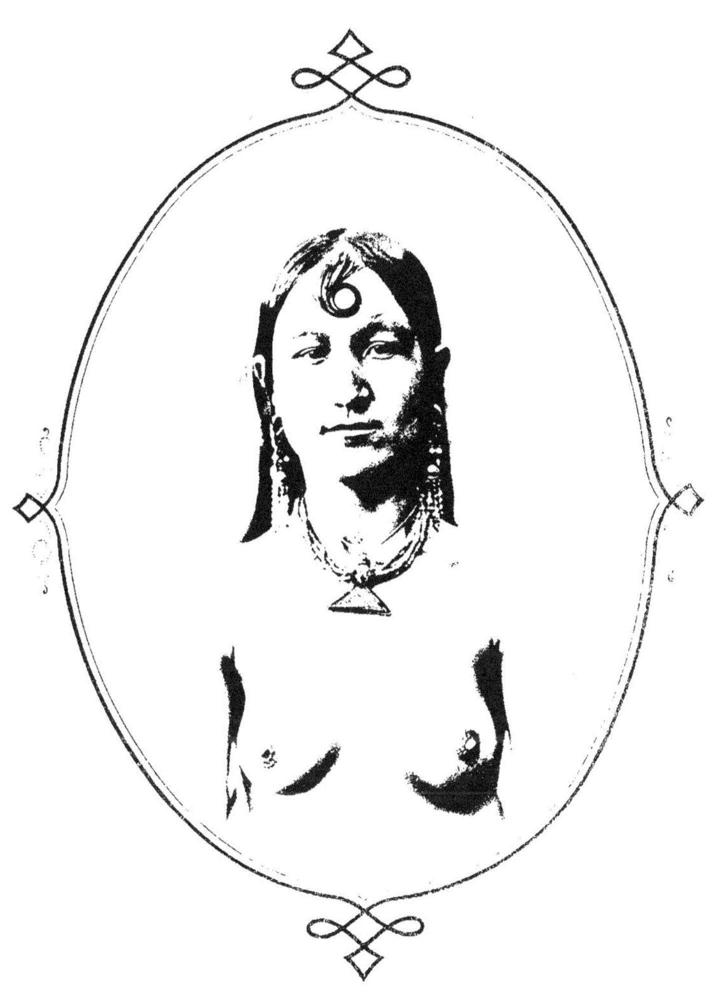

Fig. 31

Pl. 62

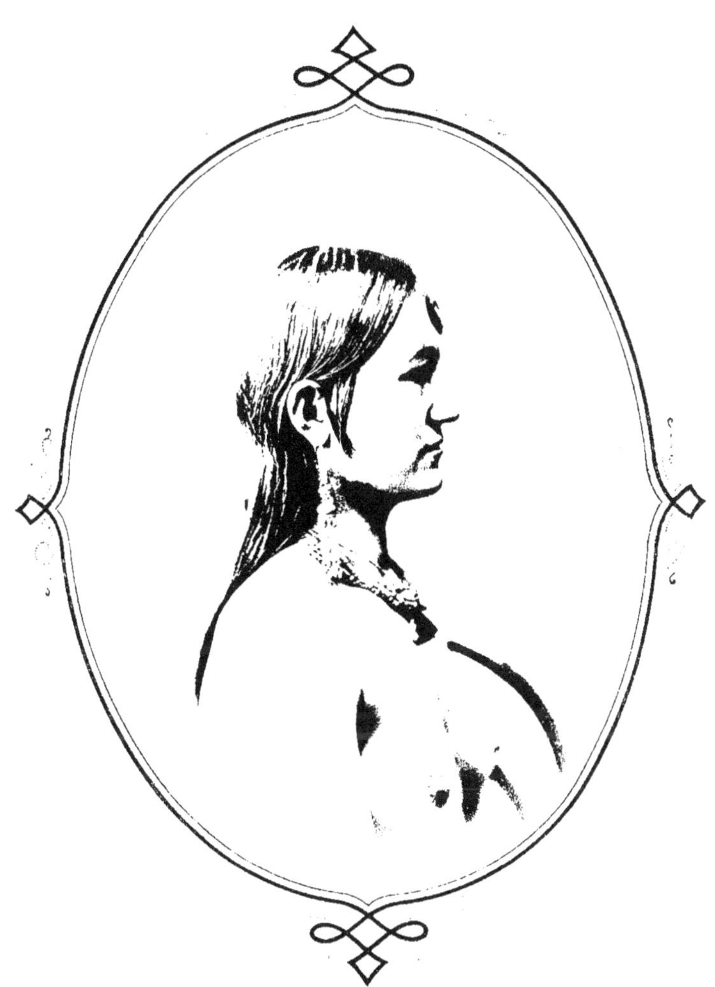

Fig. 32

Pl. 63

Fig 33

Pl. 65

Fig. 33 Pl. 96

Fig. 34 Pl. 37

Fig. 34

Pl. 38

Fig. 35 Pl. 69

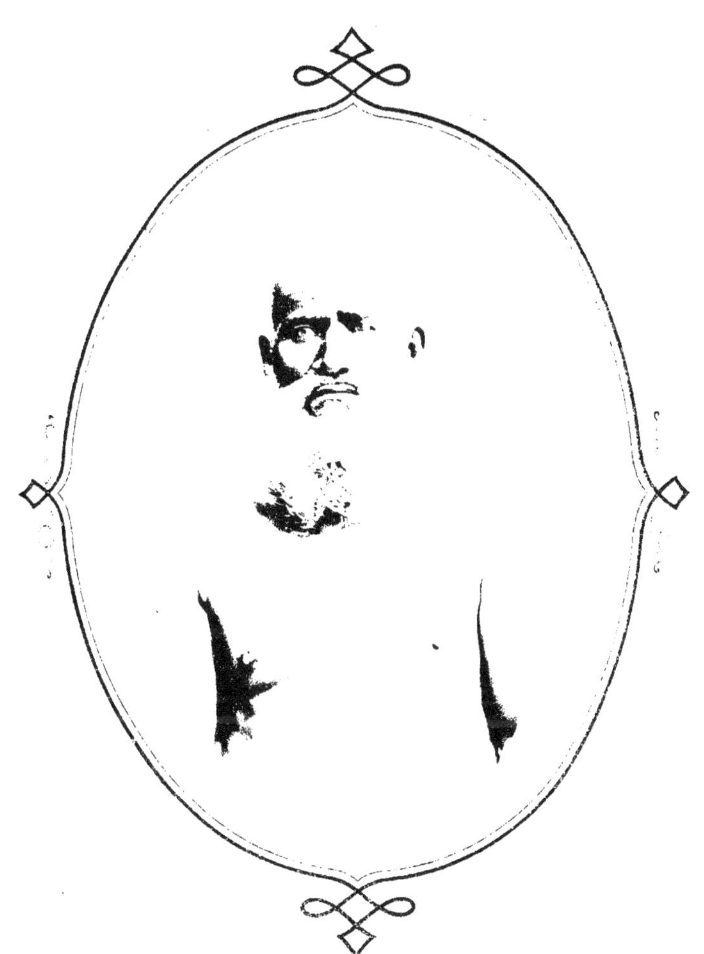

Fig. 35

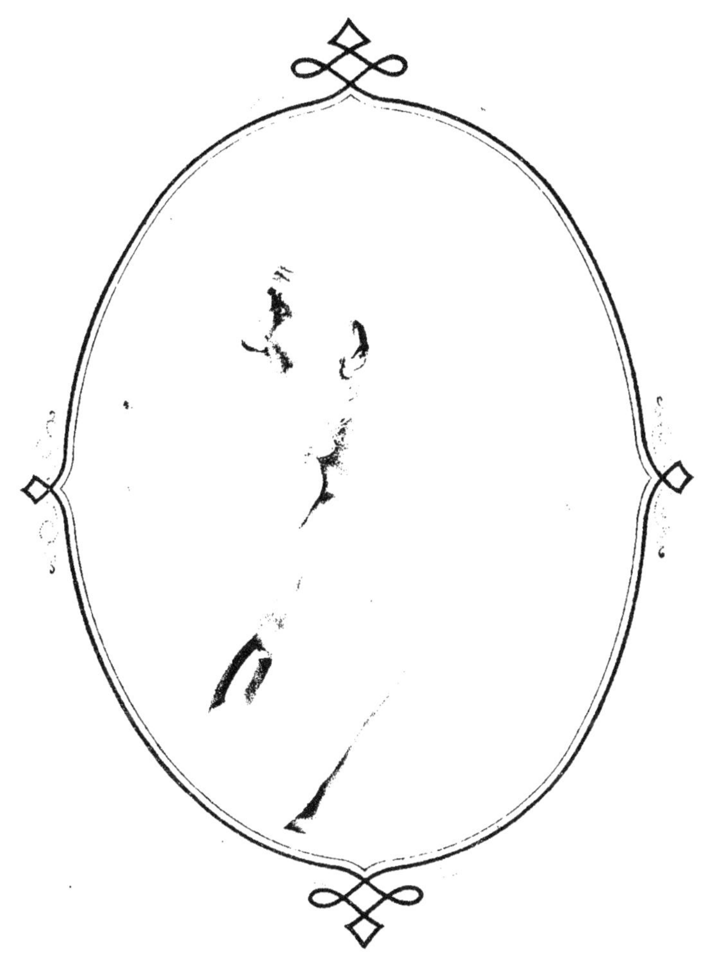

www.ingramcontent.com/pod-product-compliance
Lightning Source LLC
LaVergne TN
LVHW012006220826
846092LV00001B/254

* 9 7 8 2 3 2 9 7 9 2 8 2 8 *